全世界最幸福的工作

誰說有錢有閒才能環遊世界，玄SIR教你如何越玩越有錢

玄SIR————著

U0032098

推薦序

找出自己的答案

暢銷藝術牌卡作者、國際導遊領隊、旅遊顧問、導覽教師 **蔡美玲**

　　跟玄 SIR 認識已經有幾年了，一開始都是看著他們在臺上發光發熱，授證、演講、培訓，而我只是那臺下大力鼓掌的一位，直到第一次在飛機上跟嘉秀姐巧遇，共同參加了旅遊俱樂部的兩個行程，和嘉秀姐變成契合的好友。漸漸的，也和玄 SIR 有了近距離的接觸，平素話不多的他，一談起旅遊或專業的攝影還有生意經時，肅穆的玄 SIR 會突然變成另外一個人，眉飛色舞的滔滔不絕，歡喜之情溢於言表。

　　後來互動多了，常常會被他的幽默和高超的說故事能力所折服，其夫妻間的相處模式和合作默契，很令人動容。看他們外出旅遊或辦活動拍的照片和影片，往往是我生活的調節劑，有橋段、有裝扮又有美不勝收的影片和照片，簡直就是信手拈來，能如此遊戲人生、合作無間的夫婦，我看，地球表面也就他們一雙了！

　　有幸受邀寫序，拜讀大作，自傳式的過往生命經歷描述，就像一篇篇精彩的故事，真的一不小心，就一直看下去而忘了時間。而這些生活經驗都化成金句收錄在玄 SIR 重點筆記中，有

著醍醐灌頂的作用，也因為有這些醒悟，所以奠定了玄 SIR 的傳奇基底！

　　峰迴路轉的攝影之路、令人不捨的資深前輩、人生轉折點、遇到嘉秀姐等，這些內容都是讓人印象深刻，也被深深撼動並產生共鳴的節點，隨著玄 SIR 高潮迭起的真實人生故事，到組織行銷成功的祕訣和心法分享，到最後的旅行時，如何讓攝影留下生動、珍貴和融入當地的畫面，深入淺出的文字介紹與圖片引導，真覺得買到這本書的人好幸福啊！

　　如果有人問我，全世界最幸福的工作是什麼？我會說，請去買一本玄 SIR 的書，看完後，找出自己的答案吧！

推薦序

學習是永不折舊的投資

信義證券投顧公司副總經理 **黃秀桂**

認識玄 SIR 是在 2016 年初，也是因為我剛從創業 15 年的信義證券投顧公司退休，經朋友介紹加入旅遊俱樂部，開始展開我退休後環遊世界的夢想。

當時玄 SIR 就已經是旅遊俱樂部萬人團隊的最高領導人，我見識到他在場場爆滿的說明會上，展現了超級領導人的魅力，專業、自信、幽默的臺風，幾年來確實幫助了很多年輕人提早實現財富自由、環遊世界的夢想。

玄 SIR 的新書一開場，就帶出這位從小愛唱歌的豪邁男兒人生勵志精彩故事。一個人的成功絕非偶然，從小就立志要成為在臺北買房子的有錢人，也堅定自己的人生態度：感恩心、有禮貌、預備心、真本事。

生命就是一場又一場的學習，學習更是永不折舊的投資。玄 SIR 的前半段人生在自己的虛心努力學習、不屈服命運的打擊、把握貴人相助的機會，到最後成為婚紗界的王牌攝影師，也因為後來成功轉換投入組織行銷，又為自己創造了可觀的被動收入，終於實現自己想要的幸福人生。

　　這本書中的勵志故事，其中有太多的好觀念跟態度，非常值得年輕人好好學習。

　　上帝公平給每一個人的生命都像是一幅白色畫布，你如何在自己的生命畫布上揮灑出繽紛燦爛的色彩與意境，活出真正生命的光彩，也讓自己一生不虛此行。

生命是一場一場不斷的學習

國際旅行家、美食家、60本暢銷書作者 **洪繡巒**

看到玄 SIR 的第一本書，讓我想起了一個小插曲。

有一天，我與弟弟禪學大師洪啟嵩及一些企業家茶敘，弟弟說：「我大姊最幸福了，好多國家的觀光旅遊局邀請贊助她去深度旅行，還有世界各大航空公司的贊助，真是令人羨慕！」

我當時很嚴肅的說：「弟弟，我在工作耶！」

弟弟大笑：「誰不在工作？哪有人像妳那麼幸福的工作？」眾人頷首稱是，我趕緊雙手合十：「感恩感恩，真的很幸福。」

的確，最幸福的工作莫過於做自己所愛，享受其中，又能賺取支持生活所需。這本書敘述的經驗，給予我很多激勵與啟發。

我最近受邀在臺灣與大陸同步的線上演講，提到「知命而不認命，運命逆轉命運」的正向思考，了解自己的能力、資源、處境、時間等要素。「知命」，不被既有命運牽制，是「不認命」；思考、學習、掌握、啟動、擴展所有已有、未有的各方能力、人脈、資源勇於突破，運作自己的命，這是「運命」，成功運命即可「逆轉命運」。

我覺得作者正發揚了我的陽光理論。

　　這本書敘述一位毫無背景的少年，如何從最基層打雜學徒勤奮努力，到十九歲已成為正牌攝影師，這真是奇蹟。然而，坎坷的生涯不斷考驗，直到找到新生的出路。

　　改變永遠考驗一個人的意志及毅力，尤其職業或者事業的大變動。組織行銷相信會引起很多人的興趣，然而它的成功必須建立完善的團隊系統，其中牽涉到領導力、包容力、經營力……等等，本書提到的理論及經驗，非常值得大家學習。

　　因為作者專業的攝影師經歷，加上努力精進，使得本書兼具學習攝影的寶典，以及旅行中記錄美麗歷史的啟發，算是讀者另外的收穫。

　　生命是一場一場不斷的學習，也是時時刻刻努力向上的歷程，期待本書給予大家正向的能量，圓滿成功。

目次

推薦序 找出自己的答案 / 蔡美玲 ⋯⋯⋯⋯⋯⋯⋯ 2

推薦序 學習是永不折舊的投資 / 黃秀桂 ⋯⋯⋯⋯⋯ 4

推薦序 生命是一場一場不斷的學習 / 洪繡巒 ⋯⋯⋯ 6

楔子 這是不是你現在的人生？ ⋯⋯⋯⋯⋯⋯⋯⋯ 12

Main Focus

傳奇締造篇——玄 SIR 與他的奮鬥之路

Focus 1 基隆豪邁好男兒 ⋯⋯⋯⋯⋯⋯⋯⋯⋯⋯ 16

Focus 2 在摸索中學習的少年 ⋯⋯⋯⋯⋯⋯⋯⋯ 27

Focus 3 從打雜學徒幹起 ⋯⋯⋯⋯⋯⋯⋯⋯⋯⋯ 36

Focus 4 十九歲創造奇蹟 ⋯⋯⋯⋯⋯⋯⋯⋯⋯⋯ 46

Focus 5 生命就是一場又一場的學習 ⋯⋯⋯⋯⋯ 60

Focus 6 坎坷攝影生涯路 ⋯⋯⋯⋯⋯⋯⋯⋯⋯⋯ 73

Focus 7 人生終究要找到新的出路 ⋯⋯⋯⋯⋯⋯ 91

Present1 —— Action

組織行銷觀念篇——玄 SIR 帶您一起穩紮穩打開創新人生

Action 0　你真的很想改變你的生活嗎？ ⋯⋯⋯⋯⋯⋯ 110

Action 1　投入組織行銷產業基礎思維：火車頭原理 ⋯⋯ 114

Action 2　成功就在前方，不要放棄：煮開水原理 ⋯⋯⋯ 117

Action 3　請務必心志堅定：放大鏡原理 ⋯⋯⋯⋯⋯⋯⋯ 120

Action 4　請和團隊共同打拚：火爐原理 ⋯⋯⋯⋯⋯⋯⋯ 122

Action 5　打造事業願景：挑水跟挖井原理 ⋯⋯⋯⋯⋯⋯ 124

Action 6　經營者心態：大樹原理 ⋯⋯⋯⋯⋯⋯⋯⋯⋯⋯ 129

Action 7　組織經營觀念：猴子採玉米原理 ⋯⋯⋯⋯⋯⋯ 132

Action 8　經營組織行銷的心態：麵裡蒼蠅理論 ⋯⋯⋯⋯ 135

Action 9　歡迎用經營事業角度加入：農場理論 ⋯⋯⋯⋯ 138

Action 10　組織行銷人的心聲：如何幫助更多的人 ⋯⋯⋯ 142

Present2 —— HaveFun

旅行及攝影技巧篇——玄 SIR 教你如何留下旅遊珍貴典藏

Fun 0　人生中美好的一切 ⋯⋯⋯⋯⋯⋯⋯⋯⋯⋯⋯⋯ 148

Fun 1　你，為什麼需要學會攝影？ ⋯⋯⋯⋯⋯⋯⋯ 150

Fun 2　為什麼要拍照留下紀念 ⋯⋯⋯⋯⋯⋯⋯⋯⋯ 154

Fun 3　攝影的基本五到 ⋯⋯⋯⋯⋯⋯⋯⋯⋯⋯⋯⋯ 157

Fun 4　一張照片的主色 ⋯⋯⋯⋯⋯⋯⋯⋯⋯⋯⋯⋯ 161

Fun 5　拍照就要融入在地 ⋯⋯⋯⋯⋯⋯⋯⋯⋯⋯⋯ 167

Fun 6　聰明的旅遊方式 ⋯⋯⋯⋯⋯⋯⋯⋯⋯⋯⋯⋯ 174

Fun 7　從五到進階六到 ⋯⋯⋯⋯⋯⋯⋯⋯⋯⋯⋯⋯ 180

Fun 8　抓住最美的構圖 ⋯⋯⋯⋯⋯⋯⋯⋯⋯⋯⋯⋯ 183

Fun 9　景深與光線 ⋯⋯⋯⋯⋯⋯⋯⋯⋯⋯⋯⋯⋯⋯ 189

Fun 10　美照是需要營造出來的 ⋯⋯⋯⋯⋯⋯⋯⋯ 196

Fun 11　等待最好的時機 ⋯⋯⋯⋯⋯⋯⋯⋯⋯⋯⋯⋯ 203

Fun 12　把握最好的時機 ⋯⋯⋯⋯⋯⋯⋯⋯⋯⋯⋯⋯ 208

Fun 13　室內空間拍攝 ⋯⋯⋯⋯⋯⋯⋯⋯⋯⋯⋯⋯⋯ 216

Fun 14　你也可以成為攝影高手 ⋯⋯⋯⋯⋯⋯⋯⋯ 220

結語　你也許不能立刻環遊世界，

　　　但你一定可以開始優化你的人生 ⋯⋯⋯⋯⋯ 221

楔子

這是不是你現在的人生？

　　沒有誇大不實，沒有刻意美化，本書所分享的故事，都是我的親身經歷，從一個蹲跪在地上打雜、月領五千的助理，到帶領超過萬人團隊的最高領袖，被尊稱為「玄 SIR」導師，這中間種種的歷程，都紮實的在本書分享。回首這段勵志人生，腦海中閃過幾幕畫面，當時感覺有些淒涼：

　　1999 年，因為創業碰到資金周轉問題，當時去拜訪我的一個好哥兒們，沒想到他不幫我就算了，還給我重重一擊，他說：「做人就要認份，沒本事就認命的好好當個上班族！」那一天外頭剛好下著大雨，心灰意冷的我，連傘都懶得撐，落魄的走在街上。剎那間，內心湧起一種憤慨激情，誓言絕不要被命運打倒。然而，人生不是光對天立誓就會有好發展，那是只有電視才會出現的情節。

　　2010 年，已經三十好幾的我，依然坎坷的在街上背著機器打拚。一邊強顏歡笑的盡責做好攝影師工作，一邊卻內心自我質

疑：「為何我的所有願望看起來都像海市蜃樓般，似乎永遠無法達成？」

說我不努力嗎？天知道，我從國中開始就拚命打工賺錢，不曾鬆懈。說我不願意闖嗎？從二十幾歲起就勇敢創業，失敗過兩次，仍屢敗屢戰，從沒有一天自暴自棄過。

是能力差嗎？在攝影業界創下許多紀錄，得過獎，我的作品也受到許多客戶的高度肯定，也曾被媒體專訪還上過電視。是不思進取嗎？從小有機會就窩在書店讀書，日後也勤學不倦，包括行銷課、心靈成長課、電腦專業課……等等，我的學習從沒有中斷。

是不懂做人處事嗎？我的人緣並不差，也因為誠信守禮，身邊的貴人不少。是不懂開發客戶嗎？我其實並不那麼缺案源，跟客戶總是互動好、口碑佳，但也只是賺得忙碌的人生，卻沒有賺到真正富足的人生。

那麼到底是哪裡不對？如果我都那麼努力也做出成績了，為何仍然無法擁有足夠的收入照顧家人，擁有幸福生活？難道，人生只是一場徒勞嗎？

親愛的朋友，是否你的人生也有類似的內心掙扎與困惑？到底後來我是怎麼突破這一切的呢？

有心突破人生困境的朋友們，讓我們一起繼續看下去……

傳奇締造篇

——玄 SIR 與他的奮鬥之路

Focus 1
基隆豪邁好男兒

　　臺灣是個被海洋包圍的島嶼，你可以說它是與世隔絕的孤島，也可以說它是連結大海與世界接軌，端看你是用什麼角度來看這個世界。

　　港都基隆，鄰近大海的山城，離繁華最近卻也距富裕最遠的城市。一個人是要一輩子坐困愁城、望海興嘆，還是要向大海學習豪邁壯闊，完全存乎一心，也存在行動力。

　　1977 年，玄 SIR 誕生了。

拚命來到人間，就須好好珍惜

　　日後有機會上臺介紹自己，並且想要激勵更多人不要因出生背景自我設限時，就不免會聊起我出生的故事。

> **玄 SIR 筆記**
>
> 每個人出生來到這世界都不容易，真的要好好珍惜，不要自暴自棄。

我是家中七個孩子中的老么。

老么不是代表倍受疼愛的意思，以我的狀況來說，應該說是「頑強的奇蹟」。

我有五個姊姊，可想而知，家境不那麼好，父母卻又要生養那麼多孩子，當然是因為依循古老觀念，想要有個男丁傳宗接代，而五個女孩之後接續的第六位就是我哥哥，照理來說，已經「達成任務」，不該再有我了。事實上，父母當年也已做了節育措施，但不知是百密一疏，還是我想出世的意志力太強了，總之在這種情況下，我仍誕生了。

從此，每當生活中有些低潮的時候，我就告訴自己，既然我都費盡千辛萬苦，在不可能中尋求可能，拚命也要來到人間了，那麼就不該糟蹋自己的人生，每分每秒都該認真盡力，而這也造就了我日後刻苦打拚的性格。

然而促使我很小的時候就開始半工半讀，主因不是這頑強的基因，而是環境所迫。父親是樸實的公務員，領固定薪俸卻要照養這麼多孩子，真的很不容易，只夠勉強維持一家溫飽，連家中房屋老舊維修都不太可能，所以直到我念小學前，全家都住在

很克難的木板屋。

　　而由於我們家位在基隆山間，因著地緣關係，臨山也靠海，媽媽和幾個孩子每天都要去撿拾柴枝，回家才能添灶做飯。記憶中，小小年紀的我，似乎總是穿著雨衣，背景總是陰陰暗暗的天空，身體乾了又濕、濕了又乾。

　　在那樣的歲月裡，小小的心靈自然而然有著最實際的願望，我當年的願望非常明確，不是當總統，也不是做將軍，而是希望長大後能夠在臺北買一間房子。如果必須要當有錢人才能達到這個目標，好吧！那我人生目標自然就是要當個有錢人。

　　所以小時候只要有機會我就去打工，到了國中畢業，更是想放棄學業，直接進入職場。那年臺灣處在亞洲經濟四小龍的榮景中，我去一家做電話主機板的電子工廠上班，還記得整條生產線都還非常傳統，沒什麼所謂的自動化設備，一切都是靠人工。

　　當時我就親眼看到，我的一個國中同學在生產線上操作時，只是一時恍神，速度慢個一拍，說時遲那時快，機器裝填機瞬間壓到他的拇指，當場整隻手就廢掉，儘管當下緊急送醫了，但日後也不知道是否會影響他的一生。那時我心中就閃過一個念頭，只為了每月一萬多元的收入，就得把手犧牲掉，這樣值得嗎？

　　當年我尚未接觸過任何理財學、成功學等書籍，但我就已有強烈的感覺，人生似乎不該淪為「為拚蠅頭小利葬送一生」，這樣子也太悲情了。

　　但該怎麼辦呢？可能也就是在這樣的思維下，原本已經放

棄升學、連家人也支持我直接就業的情況下，卻突然覺悟到，還是必須繼續念書，當時有個念頭，一個男人要成就事業，至少也要有高中學歷吧！

　　即便那時候想到這一點，卻已經有點晚了，所有學生該考試、該補習的，都已經努力幾個月了，就算我想念書，可不一定有學校可以讓我念。

> **玄 SIR 筆記**
>
> 凡事上天自有安排，你儘管努力精彩。

請叫我張學友

　　比別人晚了兩個月才醒悟，但我那時真的突然很想讀高中。

　　我跟爸爸說我想繼續升學，爸爸則是覺得學一技之長可能比較有用。畢竟不只是因為家境問題，也因為我在學生時代成績都不怎麼樣，不是不夠努力，說實在的，我似乎不是讀書的料。可是既然想讀，家人當然也不會阻止我，就看我可以考到哪一所學校。

　　公立高中？我有自知之明，根本想都不必想。但私立學校應該就有機會了吧？好比說基隆有一所海事學校，考進去就是一輩子要當船員的，我就想程度再怎麼差，至少這所學校也進得去

才對，卻不料當我去詢問招生資訊時，這所海事學校竟然已經額滿了。當時我的一個國中好友考上私立聖心高中設計科，也邀我去報考，但同樣的，該校也招生額滿了。

在我幾乎走投無路的情況下，好不容易找到培德工家還有機會，但也只剩下一、兩個科系有名額，就這樣，我進入了影視科就讀，也因此打下我人生上半場大半時候的職涯基礎。我本來對攝影是完全不懂也從來都沒有興趣的，是考上了培德工家並且分配到平面攝影組後，人生才首次接觸到攝影。

說起來人生就是這樣，充滿種種的意外或者說陰錯陽差，因為太晚抉擇，所以被迫只能在有限的選擇中找位置。然而一旦來到這裡，卻又發現這是另一個發展舞臺，人生若稍微轉個彎，搞不好我後來會變成藝人。

會這樣說，不只是因為我念影視科，畢竟我是在工程組，比較偏幕後工作，並不屬於表演或歌唱的職涯。但我從小就是愛唱歌的孩子，並且還挺有膽識的，不怕上臺表演，有機會也願意主動獻聲。

記得國中剛畢業時，那年的「五燈獎」節目來基隆出外景，並且有試唱分享會，當時整個過程也上了電視，雖然沒有獲得錦標，但卻發現我的確會唱，我也有這個自信。

到了培德念書後，這項專長就真的得到發揮了。從高一開始，我就在校內嶄露頭角，在歌唱比賽中得到全校第二名。而且頗為知名的一點就是我是模仿王，可以瞬間變聲，要我模仿劉德

華、張學友或羅時豐，不論國、臺語，我都可以唱得維妙維肖。

　　甚至有一次，當時我在加油站打工，還故意把自己的歌聲錄下來，我唱的是張學友的歌，就把這捲錄音帶拿去加油站播放，問大家這是誰的歌？同事們異口同聲都說這當然是張學友的錄音帶啊！而我也不說破，結果有長達一年的時間，加油站一直播放我的卡帶，從頭到尾都不知道那其實是我唱的，而不是張學友本尊的聲音。

錯失人生一個重要機會

　　如果說，人生第一次化不可能為可能的經歷，除了出生那回的經驗不算，真正開始讓我感覺有點出人頭地，就是在培德的那段歲月了。

　　我的歌喉到底多有魅力呢？從以下這件事就可以看出。當時因為家中經濟狀況不好，我自然也不可能有什麼好看的衣服，但是歌唱比賽的評分項目不只是歌藝，也包括了臺風以及造型，當其他參賽者都盛妝打扮、粉墨登場時，男的帥、女的俏，男生若不做專業造型，至少也會穿西裝打個領結。但是當輪到我上臺時，卻什麼打扮都沒有，就穿著繡著學號的制服走上去清唱。

　　在這樣的情況下，總和評分我仍然得到第二名，可見我的歌藝有多被肯定了。這並不是我自我感覺良好，因為連師長們也都很看好我，高一那年年底，我們租下基隆文化中心，舉辦例行

的年終成果展時，一般班級都是全班共同展演，但只有我被安排個人秀，就我一個人唱歌給臺下滿滿的觀眾聽。

　　學校不只看好我，也具體的想栽培我朝演藝之路發展。由於學校有影視科，原本每年就會有唱片公司固定來發掘新人，我就直接被師長們推薦，當唱片公司主管來評鑑的時候，我也在他們面前唱了幾首歌，被認為是可造之材。然而畢竟學校沒有專業的音響設備，因此要談更深入的細節時，唱片公司就約我要去臺北總公司談，約好了某一天要去試唱。

　　現在想來，可能內心的我覺得唱歌是我的喜好，但並不是真的想以此做為職涯選擇吧！總之雖然被推薦可以去臺北，有機會朝演藝圈發展，也都已經獲得和唱片公司高層見面的機會，但最終我卻沒有去，當時的理由是，我家住基隆，臺北對我來說人生地不熟的。總之，我白白錯失了一次可以麻雀變鳳凰的機會。

　　特別是當我踏入社會翻滾了一、二十年之後，也曾在經歷坎坷的時候想著，如果當年我沒有放棄那個唱片公司之約，或許如今的我早就飛黃騰達了也說不定。

　　但是想歸想，錯過就是錯過了，我再也回不到當年那個有機會進演藝圈的時間點了。正所謂「一回頭已百年身」，不可不注意啊！

玄 SIR 筆記

這件事也帶給我很大的啟示，明明有貴人相助，明明也站在某種天時、地利、人和，但年少的我卻不懂得把握機會，日後當我看機會想自己的人生經歷時，總不忘提醒自己：貴人不是時時會出現的，機會更不是天天都有。

人可以困頓一時，但千千萬萬要記得，機會來了就要確實把握。

打工以及一些人生體悟

撇開唱歌這件事不談，學生時代的我，也算是個勵志青年。儘管稱不上是允文允武，因為我仍然是那個不擅念書考試的小孩，但是我一方面在校內靠著歌藝有一定的知名度，也算是風雲人物；另一方面我並沒有因為小有名氣就驕傲變壞，也沒有染上壞習慣，並且為了減輕家人負擔，我半工半讀賺生活費，三年來都如此。

雖然我的功課不是很好，卻始終保有良好的品行，這也跟我的家教有關。我的爸媽只是平凡的公務員及家庭主婦，他們無力給孩子豐厚的生活，然而卻從不曾讓孩子挨餓受凍，為了孩子，他們就算省吃儉用，也會籌出孩子的所需。記得我高一時，

因為想去打工，那時我就向爸媽反應，如果能有摩托車代步該有多好。沒想到隔了一週，某天回家赫然發現家門口停了一臺新摩托車，原來爸爸真的去買了新摩托車給我，讓我好感動，當時我也立誓，我一定要好好的做人，不要讓父母失望。

玄 SIR 筆記

愛的力量真的很偉大，因為父母的關懷，就算生活偶爾碰到挫折，也會想到有家人背後的支持，讓我總是願意再站起來繼續打拚。

因此，受到了這樣薰陶，從學生時期的我，就是個很有禮貌、很有教養的孩子，不是刻意想要討好誰，只是覺得「以禮待人」是基本該做的。我的態度讓師長都很喜歡我，也因為這樣的原因，他們當時很樂意推薦我去唱片公司。

師長成為我的貴人，而當我對家人、朋友的態度也是誠信有禮時，家人、朋友們也都是我的貴人。

高一第一次找工讀工作時，我找到一份咖啡廳的服務生工作，當時時薪只有五十五元。

說到這裡，不得不提起一段插曲，我在那家咖啡廳只待了兩個月就離職了。不是因為做得不好，當初被錄取的時候，我真的很高興，就因為我喜歡他們的制服，穿著白襯衫、黑褲子還打

個領結，我的工作崗位在吧檯，就覺得非常帥氣。

　　那時我熱心的介紹另一個朋友一起來這裡上班，一開始相安無事，沒想到有一天老闆突然找我過去，告訴我他要讓我朋友來站吧檯，由於吧檯只能有一個人，我勢必就要改調去外場，對我來說就是降職的意思，因為不想接受這種屈辱，最後只好選擇離職。

　　那也是我首次接觸到社會的現實面，好心介紹來的人，後來竟取代我的位置，當他知道這件事後，也選擇默不吭聲的接受老闆安排。那種感覺不是背叛，畢竟是老闆做的決定，但只是讓我看到了社會的現實面。之後我去另一家牛排坊打工，也是不能適應那邊的環境。

　　還好沒過多久，我人生另一個貴人──我的四姊透過她的關係，幫我引介到加油站上班。那真的是一份很不錯的工作，當時大家爭著要進去，只要正式錄取，時薪是一小時一百一十元。然而僧多粥少，平均一百個應徵者中，大約只有一、兩個可以錄取，我算是破格任用，因為當時基隆市這邊的加油站已經沒缺人了，於是被派去比較遠的八堵加油站工作。

　　這都要感謝我的四姊，因為這份工作，讓我在高中三年期間，每個月都有一萬三千多元的收入維持生活，這樣的收入已經和我國中畢業時全職的電子工廠差不多了，而這只是晚上打工而已。

　　這是我的學生時期故事，少年時期的種種經歷，奠定了我

一些做人的基本觀念。那時我還沒正式進入社會，嚐到百態人生的人情冷暖，之後會談到我畢業後的謀職人生。在此之前，先來說說我的學習成長歷程，以及一點點的愛情故事。

玄 SIR 筆記

人生就是如此，危機也許就是另一個轉機。重點是在任何的情境下，你都該保有自己的原則，那麼無論後續是好是壞，你都不會失去自己。

Focus 2
在摸索中學習的少年

　　人生的前面有許多彎彎曲曲的路。基隆是個多丘陵、少平地，發展好像往哪裡都會碰壁，想要大幅開展，終究有限制的地方。然而隨著地形忽高忽低、左曲右旋的，如果把自己的制高點拉到天空朝下看，大概就會看到這裡的人們每天被困在山海之間的窄路巷弄內轉啊轉的，許多人一生都轉不出個海闊天空來。

　　是否人生也像是這樣？如果沒有找到真正的出路，就會被困在一個有限的格局裡，蹉跎一生？

　　年輕的我總是困惑著，但是在還沒有找到真正的方向前，唯一可以做的，仍只是每天不停的拚命工作，反正勤勞就是美德，不是嗎？

不會讀書，至少要懂聽話照做

努力很重要，這是一定的。由於我讀書不夠努力，所以成績不好，但是我努力的半工半讀，所以能不跟家裡拿錢，高中三年都靠自力更生。

但是在努力之前，更重要的還是得遇貴人與良機，我想這絕非得天獨厚，真的天生註定有貴人運，**不過我有一個特質，那就是當貴人來的時候，我會懂得把握以及感恩。**

學生時代，我有一個女朋友，重點不在有女朋友這件事，而在於這個女朋友是公認的校花，是讓人眼睛一亮的人間風景，並且她大我三歲，是我的學姐。

身為「歌王」有個附帶好處，就是至少在校內算是個風雲人物，有這樣小小的知名度，就比較有機會跟學姐這樣的校花級女生接觸，像是在聚會場合，她比較會多看你一眼等等。透過這樣的接觸，彼此有了基本認識，再加上後來知道她家住在七堵，正好是我打工加油站的附近，於是就有了名正言順的理由，去打工時可以順道載她回家。

就是這樣的溫馨接送情，讓原本的不可能變成可能。

說原本不可能，不僅僅因為學姐是校花、大我三歲，而且據聞她已經有要好的男友，她還曾不只一次對著朋友們說，她絕不可能和比她年紀小的人交往，如果真的有這種事發生，她要把頭拔下來讓人當球踢。

玄 SIR 筆記

> 兩個基本道理，不論是在學生時代或如今在事業
> 上有不錯的成績，都永遠要牢記的：
> 1. 沒機會，創造機會；當機會來了，絕對要做
>   好準備，好好把握。
> 2. 一個人做任何事是否成功，技術面只占
>   20%，觀念態度卻占了 80%。
> 簡言之，觀念態度對了，什麼都對了。

　　之所以會化不可能為可能，首先當然要有足夠的機會，可以多見面、多聊天，重點還是在於懂得把握機會。少年的我當時已經懂得設定目標就要努力達到，我自認不是超級型男帥哥，更非品學兼優的模範生，但是我有一顆熱誠的心，以及積極正面的態度。精誠所至，金石為開。雖然這只是看似交女朋友這樣的小事，但其背後的觀念卻適用一生。

　　說起觀念態度，我還要再舉一個例子。在高中時代，同班同學中有些人被留級，儘管我的成績總是敬陪末座，卻始終可以順利升學，背後的原因，就是因為我的觀念和態度。

　　我恪守一個原則，當個學生就要守學生的本分，功課不好是因為我不擅長念書，但是我對師長的態度就是要尊師重道，所以在校內我永遠對師長畢恭畢敬。當老師對你的印象好，打分數

自然也願意法外開恩，而且學校其實也有規定，只要寒暑假到校幫忙，也可以抵學業成績。功課不佳的我，在這方面絕對完全配合，老師要我哪一天到校報到，我一定聽話照做。當其他成績也是及格邊緣的同學，既不好學又不願意聽從師長的話，到校做勞動服務，被留級就不能怪誰了。

糟蹋的機會，要走其他路來開創

　　看到師長總是畢恭畢敬的我，卻也不是一個乖乖牌，相反的，我還是個比較叛逆的青少年。只不過我能做到我的叛逆不去妨礙他人，並且，我一貫的尊重師長，所以可以既耍帥又能得到師長關愛。

　　我算是比較活潑、比較調皮型的人，國小時候就常因為捉弄女生，被老師拿掃把追著打。高中時代，三年來總是和教官玩著抓髮長的遊戲，我的頭髮永遠過長，扮演著既會唱歌又有型的男孩形象（只不過還是身穿土土的制服）。但終究我還是被教官盯上了，然後由教官親自操刀，幫我剃頭髮，可想而知那髮型是慘不忍睹，還不如我自己理光頭算了。但隔一段時日頭髮又長了，於是又繼續被教官盯上，三年來始終如此，不斷循環。

　　叛逆的我，除了耍酷外，其實內心裡一片茫然。本來就是勉強吊車尾才有學校讀的，心中雖有「將來想要賺大錢，在臺北住好房子」的願望，但卻連未來該做哪一行都沒有任何概念。

　　説真的，當時的我最有可能的機會無非是朝演藝圈發展，甚至連師長都這樣幫我職涯規劃。有時當上課進度告一段落時，有的老師會在課堂上來個中場休息，指名林哲玄同學，也就是我上臺高歌一、兩曲，然後在同學的掌聲中上臺清唱。

　　那個年代的老師還相當有權威，學生不太敢違抗老師的命令，我也因此被磨練了不少膽識，如今回想起來，真心覺得那是師長們想要給我正面信念，讓我對自己的歌唱更加有信心，甚至已經和唱片公司聯繫，希望可以栽培我。

玄 SIR 筆記

> 我的一貫人生態度是，凡事往正面想，當心態如此，就容易對人感恩。當你時常對人感恩，後來貴人就真的越來越多。

　　當然，如前所述，本來是有機會朝演藝圈之路發展的，是我自己白白糟蹋了這個大好機會。

　　另一次同樣也是錯失了一次大好機會，在校時，我雖然是工程組的人，但是連音樂科的老師也很看好我，他們科的老師曾多次主動找我參加訓練，還拉我去參加合唱團。只不過我去了兩、三次之後就放棄不再去了，原因是我喜歡一個人用自己的節奏唱歌，如果要和團體搭配，那就不是我的風格了。

玄 SIR 筆記

人生就是這樣，不是一定因為你喜歡什麼，才能在那個領域全心投入，有時候命運的安排，讓你接觸到截然不同的領域。也許你不得不投入該領域，但重點還是那句話，觀念態度對了，做什麼都對，行業不重要，如何讓你這個人發光發熱，靠的是還是自己的學習態度、做事信念以及願不願意把你的人生當一回事。

事後回想，那當然也是錯失一次機會，當初我若能繼續去合唱團，肯定可以學到更厚實的音樂基礎，也可以習得唱腔、發聲等技巧。但我在師長的好心引領下仍選擇放棄，一而再、再而三把送上門的機會白白送走，當然就不該再怪罪命運沒讓我走上演藝舞臺那條路了。

無論如何，既然錯失了往演藝路邁進的機會，總該還是要有個謀生的主力，身為一個學生，最佳的選擇自然就是我的本科學習主業：攝影。

由於我高中念的是影視科工程組，簡單講，影視科的影劇組是「幕前」，工程組自然就是「幕後」了。所謂幕後範圍可廣了，舉凡錄影、攝影、舞臺設計、燈光設計，還有導演、場記、執行製作、宣傳……等，而我在這諸多項目中，當年選擇的是平

面攝影組，在工程組五十幾個同學中，有六個人是隸屬平面攝影組，不是因為我對攝影有興趣，事實上，在念高中前，我從來就沒有對攝影產生任何的興趣，也沒有這方面的天分。

如何開始我的攝影之路

說起來，攝影這門技藝，似乎跟業務開發是完全兩碼子事，甚至還是差距很極端的兩個範疇。畢竟只要提起攝影師，腦海中就會浮現出一個酷酷的、有些不食人間煙火、不愛與人交際的藝術家形象，這絕對和善於交際應酬的業務員形象差天差地。但我的情況剛好相反，這在我後來從事業務及組織行銷能有一些成績，論起源頭，其實和我在高中時期投入攝影工作有關。

原因無他，攝影可不是只要會拿相機按下快門就好，除了課堂上的理論學習外，最重要的是必須勤練，而勤練必須有對象，這些對象必須靠主動「開發」，就在那個時候，我開始在校園做起「業務」來。

以人像攝影來說，如果想要得到一張美美的照片，必要的元素是什麼？除了美景外，更重要的自然是美女了。但是美女會主動過來讓你拍嗎？特別是學生練習拍攝，自然不會有什麼酬勞，這時候，就要靠攝影師們如何跟她們做好人際關係了。

最開始的攝影實戰，還是要有老師帶領，往往一整天的行程，就在拍攝一個主題。之後要發展自己的風格，並且還要累積

有助於將來就業的作品，那就是每個同學要各憑本事邀約女同學、學妹甚至有機會認識的外校女孩當你的模特兒，雖然有時會有團體共同拍攝，但大部分時候還是一對一。

人家一個年輕女孩為何要跟你這個陌生男生單獨出去，而且配合你的指示做各種動作？你是誰啊？為何要跟你？這時候業務技巧就派上用場了，你要懂得和對方交心，讓她對你產生信任感，你也要示之以利，給她足夠的誘因。

好比說，透過參與拍攝，可以趁年輕時留下美麗的倩影，或者告訴她，平常若要拍攝美美的沙龍照，就必須要花大錢進攝影棚，但現在就有專業人士免費幫她拍數百張，這麼好機會怎可錯過？而最重要的還是如何把握住兩人對談時，醞釀溫馨親和的氛圍，讓攝影變成是一件愉快的事。

所以在技術前，絕對是「業務行銷」領軍，這一點我非常肯定。然而業務行銷成功後，若是沒有技術做後盾也無法成事。如果業務能力佳，但是攝影技術差，最後也會變成反行銷。若是被傳出這個同學根本不會攝影，以後不要跟他外拍，之後就會沒戲唱了。

因此，我在平日也都做好基本功課，攝影基本的訓練，包括掌鏡、場景、分鏡、如何做造型、如何搭配器材……等，都要有實力，這自然不在話下。況且每一次的外拍都要做好完美的企劃，想拍什麼主題、預計的背景、想要呈現的感覺，以及一整天下來該如何安排、穿什麼衣服、午餐哪裡解決……，都要做到讓

人信任，對方才願意點頭當你的免費模特兒。

　　我在高中時期奠定了基本的攝影技能，日後攝影也成為我二十年的主業。但當年培養的另一項技能，可能對後來的我影響更大，那就是業務交際能力。只是當年的業務能力夠我當個攝影專才創業承接案件，但還不足以讓我追求富足的人生。

　　讀完高中後，我便開始進入職場，進入人生真正的挑戰。

　　下面，就來談我的謀職人生。

玄 SIR 筆記

　　日後有機會接觸到不同的行業，也發現這個共同點，那就是不論做什麼樣的服務，若要表現突出，肯定就一定要懂業務行銷。

Focus 3

從打雜學徒幹起

出了社會後，一切都不像是在學校，沒有師長在旁邊讓你靠，更沒有期中考或隨堂考，刺激你拿起書本學習。

雖然沒有師長，但卻有很多貴人，只不過貴人的出現，不一定是你想像中的樣貌。貴人可能是個溫煦的長者，但也可能是個嚴厲的主管，甚至是你的競爭對手。重點在於，你有沒有看到誰是你的貴人，然後把握和貴人學習的機會。

初出社會的我，什麼都不會，因此只要一有學習的機會，就會好好把握。那時候聽話照做都來不及了，更不該有人還吊兒郎當的。《禮記·學記》中提到：「學然後知不足。」如果完全不學，就只有永遠不足了。

茫然生涯初始路

　　雖然我在學生時期不是個好學生，但這並不代表我不愛學習，實際上，我自知不是傳統教育那種愛背書、會考試的料，於是我更加懂得去把握自學的機會。

　　我的成長歷程及青年時期的處世智慧，都是學習得來的，師長們很難想像，那個考試成績老是墊底的阿玄，卻是個經常泡書店的人，我從學生時期便養成了喜愛閱讀的習慣，並且至今不輟。

　　別的不說，連交女朋友這件事都必須學習，我在學校算是人緣不錯的，但如果我是個說話沒有內涵、只會聊天打屁的無聊男子，相信也不會有太大的人群魅力。事實上，我真的透過閱讀增長不少知識，在愛情方面，曾經我和一個國中同學兩人相約，一起買了一本女友交戰手冊之類的書，或許這不是什麼嚴肅的正經書，但至少在「追女友」這個範疇裡，也算是一門知識。

　　認真看書也具體落實的結果，就是我在高中時期就追上了學校校花，但是和我一起買書的那個國中同學，因為沒有落實行動，一直交不到女朋友。

　　我很愛看書，並且從少年時期就開始喜歡閱讀有關銷售、行銷、如何成交之類的書。追溯源頭，自然還是小時候住在基隆時，發下了那個將來想要變有錢、在臺北買房子的志願。

　　然而看書是一回事，如何與人生融入又是另一回事。

　　畢業後，有著攝影相關學歷的我，該怎麼走下一步呢？理論上該走的是攝影專業，但是在我的認知裡，攝影師似乎與「賺大錢、在臺北買房子」的距離比較遠，至少在薪水方面，感覺不那麼有吸引力，所以我還是先翻開報紙，找尋其他看起來收入更多的工作。

　　完全從薪酬著眼，很快的我就找到了一個看來不錯的選擇，那就是去核能發電廠當防輻員。

　　核能是什麼、防輻員要幹嘛，這對我來說都不重要，重點是該廣告號稱每月薪資優渥，而且是大機構、有保障。我當下心想，有錢最重要了，於是趕快去應徵，而且這份工作似乎有去應徵就會錄取，我立刻就可以上工了。

　　這真是莫大的好事啊！然而後來我才知道，金錢並不是最重要的，人生絕對有比金錢更重要的事，像是理想抱負、社會貢獻，此外還有……生命。

　　在核能電廠工作，當然難免會與輻射接觸，況且我擔任的是防輻員，更是站在第一線，終日與危險為伍。我進去之後才陸續聽聞，有些在這裡上班的人不到五十歲就癌逝，不論有多高的學歷、多好的專業，生命在此若提早凋零，那些閃耀的文憑又有何意義？為了每個月四萬元左右的薪水，經過一個月的受訓，就必須每天穿著類似太空衣的裝備，進入危險場域做偵測，無怪乎就連高中學歷的我也可以錄取。

　　不到一個月，我就覺得這份工作不能繼續下去。回歸到自己的生涯，我想，我還是認真朝本業發展比較實際，因此，我決定開始去找尋攝影相關的工作。

玄 SIR 筆記

> 這也是我後來常和年輕人分享的，趁年輕，應該將工作主力放在學習成長，不要只拘泥在薪水袋上那差一千、兩千元的數字上。能力才是一輩子的，有能力，薪水袋的數字就絕對會改變。

那段蹲低身軀的日子

　　一開始會猶豫是否投入攝影業，自然是有原因的，因為薪水實在是太低了，而且工作苦、升遷慢，在還沒變成師父之前，一路都是辛酸血淚。

　　但當年十八歲、只有高中學歷的我，後來還是認分的開始去尋找攝影師工作。當時已經有同學在臺北謀生了，受到同學的邀約，我也走入大臺北的職場叢林，從攝影學徒開始做起，真的超級辛苦的。

　　當年的攝影行業是採師徒制，業界有個潛規則，就連一個有基本實力的人來說，當攝影助理至少要歷練三年，第一年只會

裝底片，第二年師父才教你洗底片，第三年開始調燈光等比較進階的技術。這是指有基本實力的，如果慧根不夠，做個四、五年以上助理也大有人在。

所謂學徒，就真的要嚴尊師命，做些最基層的打雜工作，我當年是從工商攝影領域開始的。

儘管在校已經學過三年的攝影理論，但一踏入職場才發現，實作跟課本還是有差。首先，根本連器材的規格都不同，何況我們在學校都愛拍人物，但是工商攝影的主體則是靜物。

身為助理的我，什麼攝影功都還不能正式學，只能當個打雜的。所謂拍靜物，那個靜物無論是桌椅、機器設備還是一個花瓶，反正「它們」才是主角，我這個助理連配角都不是，為了配合靜物被拍攝的角度，大半時間都得蹲跪在地上，配合攝影師指示調燈光、調靜物角度，或者擦拭被拍的商品，在不干擾鏡頭的前提下，盡量讓身形隱藏起來。

放低身段，卑微再卑微。

曾經在校園內也算風雲人物的我，怎麼變成這樣？只為了助理那一、兩萬元的薪水，每天都得忍受屈膝蹲跪的姿勢，並且還需時常加班。每到夜深人靜，拖著疲憊全身痠痛的身軀返家，內心都充滿了一股空虛的無力感。

或許我當時還年輕，毅力不夠吧！總之，我覺得再這樣下去我會受不了，所以當了兩個月的攝影助理後我就離職，想要找其他的出路。

一個月五千元你要不要做？

　　一個未滿二十歲、剛出社會，甚至還沒當兵的青年，工作真的不好找。

　　之後去了一家做 ENG 攝影的公司，協助電視購物臺拍攝，在那裡也是當助理，而且這一家公司更操，有時候忙到清晨三、四點，在冷颼颼的夜裡騎著車回家時就會想著，我的漫漫人生好似已看不到光明。

　　然而工作操勞還不是我痛苦的主因，讓我痛苦的是「看不到未來」，我親眼看到另一位助理，他已經來到這公司超過三年了，到現在還是在做收線、捆線的工作，ENG 攝影線很粗，每天夜深時刻還要埋首收線。如果這是我的未來，那真的必須慎重考慮，於是做不滿一個月，我又提辭呈了。

　　怎樣換都不合意，但我是學攝影出身，總不能就此放棄。終於，有了另一個機會，又是靠同學介紹，是位於基隆的婚紗公司，當然也是助理的工作。只不過這回老闆更是挑明了：「我們這邊不缺人，你要來可以啦！但是我們不支薪，頂多給你每月五千元的車馬補助費，要來不來隨你。」

　　是的，月領五千元。所謂的助理，工作仍不脫我之前離職那些公司的模式，我還是要做隱身後面的人，蹲跪喬背景道具，以及搬重物、調校燈光等打雜事務。

玄 SIR 筆記

> 人會痛苦，往往是因為卡在一個念頭轉不過來。
>
> 當時心念一轉想著：如果只能月領五千元，沒關係，至少就讓我多學點吧！
>
> 抱著這樣的心態，我反而卯足全力的在工作上付出。

但這回我反倒願意接受了，不是因為找工作找累了，而是因為我想到，人生本就是長長的學習歷程，在年輕階段，重點是學習，而非賺大錢。

後來知道公司實際上還是有缺人的，否則也不會讓我進來，只是老闆用這樣惡劣的方式，省掉人事成本開銷，而且每個月工作下來，明明兩人做一樣的事，介紹我來的那位同學是正職助理，月領兩萬多元，我只算個學徒，月領五千元。差距那麼大，心態怎能平衡呢？但反正我已經抱定了就是來這裡好好學習的，這樣想過後，就不那麼計較了。

在打掃、打雜之餘，就去多學習怎樣修底片、修照片等等的。因為我勤做肯做，老闆很多事也丟給我做，要幫攝影對象擺 Pose，要講冷笑話讓他們笑出來好上鏡，要調燈光……，總之在正式拍照前，我要把一切打理好，攝影師只需負責按快門就好。學校三年以及過往幾個月的工作經驗，多少也讓我有些底

子，包括工商攝影公司學到的基本燈光，以及 ENG 攝影時學的錄影技巧，都有派上用場。

　　還是那句話，做任何事若想要成功，觀念態度占了 80%，觀念態度對了，全力學習，就累積了我的專業技巧，因此這段時間只要一有機會，我也會自己在外面找外拍勤練，所以逐步累積了我的作品。

　　我知道，有一天我一定會在這一行發光發熱。

玄 SIR 筆記

當不再去計較誰領的錢多，我怎麼收入那麼少之類的，只專注學習，很多神奇的事就會陸續發生。

學習是永不折舊的投資

　　在那家婚紗攝影公司學習到第五個月時，有一天，看到攝影師父準備要教一位當了攝影助理一年的同事如何修底片，我在旁邊用恭敬的態度詢問可不可以一起學，沒想到當下師父完全不留情面的說：「你只是個菜鳥，這個不是你現在該學的。」

玄 SIR 筆記

> 心態真的很重要，不想學的人，你請名師在他面前講解深奧智慧，他還可能邊聽邊打瞌睡。但是對於很想學的人來說，就會像溺水的人，渴望呼吸空氣般那麼強烈。

身為月領五千元的小小助理，我只能低頭道歉轉身退出。但，我真的有一顆強烈想學習的心，走出去後，把門關上了，不代表就聽不到，我把耳朵貼在門上，開始「另類的學習」。

那時就算門關上了，看不到具體的操作實務，然而光是偷聽師父的講解，回家自己試著將技術應用，這樣經過五、六次，我也自己摸出竅門了。反倒那個在門內正式上課的助理，還沒有像我這樣熟練，我已經在家真正實作修了好多底片。

那時候，修片用的是筆芯，事前要用最細的砂紙去打磨，把筆芯磨到又細又尖又軟。光這件事就很不簡單了，筆芯本身太硬，一刺底片就會產生刮痕，但磨太細筆芯就會斷掉，如何拿捏到剛好，就必須嘗試好幾次的錯誤。

等到工具完成，具體修片時，則依照我學來的內容，有打勾法、交叉法、打圈法……等等，要透過放大鏡，拿著磨過的筆芯輕巧精準的做工，好的修片可以將客人臉上原本的皺紋修掉。就在不靠師父親自教導的情況下，我竟然就這樣自學出師了。

在攝影技巧方面，也因為好學的精神，已經成長不少，最後在實務上真正拍攝時，主力操作的根本是我。每次拍攝時，我早就把一切弄得好好的，燈光、背景還有客人的情緒，都在我的指揮下就定位，攝影師真的只要按下快門就好了。

在那當下，我雖然只是掛名助理，甚至只是月領五千元的學徒，但實際上，我已是不折不扣的攝影師了。

當然，那時候我才十九歲，後面還有一段軍旅歲月等著我。然而在入伍前，我就已經創造攝影界的奇蹟了。

Focus 4

十九歲創造奇蹟

許多的道理都是共通的。

同樣的觀念態度，同樣的敬業精神，在上班職場可以創造績效、在個人工作室可以留住客戶，就算是在軍伍生涯，依然也可以因此改善自己的處境。

十九歲的時候，我就當上正牌的攝影師，以那個年紀來說，許多年輕人還在念大學，尚不知社會民間疾苦呢！但終究我仍年輕，也很多事仍在學習，這是我青春歲月奮鬥歷程的另一篇章。

從助理躍升

從培德工家那個愛唱歌的男孩，一路走來，我開始在攝影路上一步步建立自己的品牌。

玄 SIR 筆記

肯定讚美，務必要出自真心，肯定讚美他人，其實自己並不會有什麼損失，但是帶來的影響力卻很大。以我來說，從剛出社會開始，就經常有貴人會在關鍵時刻為我帶來新的轉機，「嘴甜」影響的成份很大。

回顧過往，很多的資源及很多機緣，都有賴於貴人的提攜，這也是一個人要成功最快的方法，光靠單打獨鬥，路程遙遠，總要有人在關鍵時刻拉你一把，才能省去許多摸索的時間。

貴人為何要幫你呢？一個人的成功，不是你的能力有多好，而是因為你有多受歡迎，所以學習受歡迎的能力很重要。但所謂的受歡迎，經常只是基於一些小事，可能就是每天見面時展現誠摯的笑臉及禮貌，那樣就能在對方心中植下好感。單單這樣的好感，很可能就會讓一個長者願意幫助一個年輕人。

我從少年時代就非常有禮貌，「請」、「謝謝」、「對不起」總是掛在嘴邊，這只是基本禮儀而已，我的嘴巴還非常甜，看到長輩必稱大哥，如果對方是女性就稱大姐 。外拍工作時，面對不同個性的女生，同樣的，先不談什麼專業技巧，最起碼的讚美我一定做到。要說這是「甜言蜜語」也行，總之，可以讓對方感到快樂，何樂而不為？

　　我在婚紗攝影公司當助理還不到半年，正職工作之餘，還會自己去做外拍培養經驗。就是在那樣的場合，又遇到了貴人，他本身是某家婚紗公司股東，他們正缺一位副攝影師，問我要不要去應徵看看，於是我這個仍算是菜鳥的十九歲攝影助理，就帶著作品去應徵，面對四個老闆的考核。

　　該公司的確需要一位副攝影師，面對這樣的機會，還好我是個勤奮的人，平日已經累積一定數量的攝影作品，而且為了要讓作品有更好的呈現，我非常認真鑽研閱讀時尚雜誌，所以我拍的照片在那年代很有新潮感，也因此在那次的面試中，深受四位老闆的賞識。

　　就這樣，我這個菜鳥助理躍身一變成為副攝影師，更何況薪水何止三級跳。身為副攝影師，其實已經有很大的主導權了，基本上，除了婚紗照還不能拍之外，公司的其他案子我都可以接，包含週年照、藝術照、寶寶照、全家福照，我都能處理。像是週年照的規格也已經跟拍婚紗照差不多了，那是夫妻倆的週年慶，一樣是穿婚紗，一樣要安排浪漫的氛圍。

　　當然，畢竟我還是個未滿二十的青年，不能因為當上副攝影師而自滿，我仍持續學習，包括如何相片構圖、如何教客人擺不同拍照姿勢，那時期我也自學了很多。

　　不久後，迎接我的是另一次的大提升。

破紀錄得到升遷的攝影師

　　我很感恩當初引介我擔任副攝影師的那位老闆，至今我都還跟他保持聯絡。攝影師和助理關心的事務的確不同，後來我更加研究了解不同的底片，了解怎樣的光圈、快門可以帶來怎樣的效果。光是底片就有超過十幾種，還有正片、負片，偏藍、偏紅色系等等，不但每一種都要會，也要懂得如何交叉運用。因此才短短三個月時間，我就成長了很多。

　　就在那時候，我又有了另一次提升的機會，同樣的，那是另一位貴人的引薦。原來當時有另一家婚紗攝影公司，他們的攝影師離職了，一個圈內朋友知道這件事之後，第一時間告知我，要我去應徵看看，於是我就帶著我的作品前去面試，沒想到竟然和老闆相談甚歡，當下就錄取了。

　　也就是說，我，一個十九歲青年，已經成為正牌攝影師了。

　　這是怎樣的概念呢？一般來說，一個新人要從攝影助理爬升到正牌攝影師，若沒意外的話，通常需要至少四年半的時間。若是過程中有一些阻礙因素，想要出師還要等更久，主要還得看公司方面願不願意讓你升任。如果天時、地利、人和有哪一項要素欠缺，就得繼續當助理，因此當時在一般的婚紗攝影圈，不論到任何一家公司去看，正牌攝影師多半都是一大把年紀了。

　　我十九歲就成為正牌攝影師，真的是破紀錄，剛開始，很多客人來拍照時，都抱持著半信半疑的觀望態度。但事實決定一

切，年紀、外表這些都只是表象，客人要的是你交出讓他們滿意的照片，而我做到了。

那個年代雖然還沒有網路，但口碑行銷還是有的，這家婚紗公司有個「既年輕、拍照速度快，而且拍出來的照片很新穎」的攝影師，很快就吸引了更多客人上門，因此，我當年的確為公司帶來了可觀的獲利。可惜的是，後來我接到兵單入伍當兵，公司的生意就此一落千丈，乃至於最後經營不下去收店了。

在擔任攝影師那段大約九個月的時光，我的攝影風格頗受傳頌，在當時的確創造了一種全新的拍攝手法。我的作品都會有故事情節，我會特別安排場景，邀約新人一起進入情境，所以拍出來的成品既生動又自然。

此外，我的一大特色就是善於集合不同的風格，我知道很多攝影師有他們的專精，有人擅長華麗風、有人擅長簡約風、有人擅長懷舊風……等等，但我就是什麼都可以做，不被設限，也不排斥綜合性的風格。我始終相信客戶是最大的，他們想要什麼風格，我就盡力做到什麼風格。這些背景都有賴於我勤於學習，也勤於練習，過往的努力耕耘，這時候就看到了豐碩果實。

以實際結果來看，一般婚紗攝影的獲利要看客人最終要挑多少張相片，結果我拍的照片客人挑片率都超高。也就是說，客人這張喜歡，那張也喜歡，每張都好想買。

就是這樣，我成功的靠攝影專業為公司賺錢，但我年紀還那麼輕，等在面前的是另一段人生旅程，我必須去當兵。

玄 SIR 筆記

> 人才到處都有，重點是，你要如何讓人家記得你。年輕人不論從事哪一個行業，記得在發揮自己專業的時候，也要建立自己獨特的風格，這樣才會讓人家記得你。

挑戰別人不想去的軍旅生活

講起我的軍旅歲月，短短不到兩年，一般來說，當兵那個階段和我日後的業務工作比較無關，但正如我前面說過的，只要觀念態度對了，在哪個場合都可以應用。即使穿著軍服，也能應用那些業務哲學。

首先，來說說態度。對每個世代的年輕人來說，除非原本就有志投入軍職，否則當接到兵單的那一刻，很少人會高興自己要去當兵的。收到兵單時，大部分的年輕人都會把憂慮掛在臉上，一片愁雲慘霧的樣子，甚至掩面哭泣的都有。但是我的心境卻完全不同，我把當兵當成是人生另一種特殊的體驗，甚至是抱著期待的心情去報到的。

一般人都是留著長髮，到兵營裡被剃掉三千煩惱絲，看著滿地落髮，心情盪到谷底。我卻是在入伍前就已經自己去理了標準的五分頭，並且臉上始終散發著笑容。

在軍營生活的第一個星期，每晚總會聽到哭聲，新兵們想家、想媽媽、想女朋友、想念麥當勞……等等，我卻內心平靜，好奇的等待即將展開在眼前的各種訓練，因為我都準備好了。

必須說明，所謂「準備好了」，不是單指心境而已，我是真的有事先做了體能操練，在入伍前就已經養成跑步以及健身的習慣，畢竟年輕就是本錢，我讓自己鍛鍊出不錯的體魄。

這也讓我在日後兩年的軍旅生活中，帶來很多次的驚奇。因為單以外表來看，我就是個白白淨淨、戴銀邊眼鏡的典型文弱書生，就是那種老鳥們會想「教訓一下」的對象，但結果每當被處罰做體能操練時，我的表現卻總讓全體官兵跌破眼鏡。

有時候被教育班長操練，結果操到後來，我的體能還比教育班長強，他做完二百下伏地挺身都有點喘不過氣來，我卻仍是氣定神閒的。老實說，那種因為反差導致眾人瞪大眼睛的時刻，感覺還真是爽啊！

所以只要觀念態度對了，一切就都對了，但同時也要做好準備，當你有了準備，什麼都不用怕。不但不用怕，甚至我還刻意去挑戰最困難的事。

那時新兵訓練是在苗栗的斗煥坪營區，軍中有個描述四大新訓中心的順口溜：「快樂斗煥坪、淚灑關東橋、魂斷金六結、血濺車籠埔。」

> **玄 SIR 筆記**
>
> 朋友們，人不帥氣枉少年！有沒有想要在自己所
> 處的領域偶爾扮演一下英雄，那就要看自己是否
> 曾經為自己的專業練好紮實的底子，以及是否能
> 夠瀟灑的面對挑戰。

　　身在「快樂斗煥坪」的我，當連上問有沒有人自願接受訓練擔任教育班長時，全連只有兩個人舉手，我就是其中一個。說實在的，誰願意當教育班長？錢沒有多太多，卻要比別人辛苦一百倍，每天要比一般官兵早起，比一般官兵晚睡，做任何事都要超越全隊的標準，大概只有腦袋壞掉的人才會報請自願受訓。然而我卻舉手了，自願被派去關東橋受教育班長訓。

　　但當年有個狀況，原來我出生的前一年正是龍年，我那一年則是蛇年（也就是小龍年），這兩年的出生率都特別高。當這兩年的孩子長大到當兵的年紀時，軍營就會變得人滿為患，乃至於原本往年只要報名就會被直接送去培訓的教育班長訓，這年因為報名的人數太多，改成以考試甄選。

　　就算考試通過了，人數還是太多，最後變成要抽籤決定。我的體能不錯，包括賽跑、刺槍術、五百障礙等等都高分通過，但最終卻還是不能去受教育班長訓，只因「籤運」太差了。

　　當別人確認自己要去受教育班長訓時，整個人變得沮喪；

我卻正好相反，我是因為沒能被選上，感到極度的失望。這樣的我，只能回歸連隊，繼續當個普通新兵了。

但只要保持著正向態度，後面還有其他發展機會等著我。

敬禮最標準的士兵

但無論如何，當時我積極爭取要受訓，這已經在連隊長官心中留下了良好的印象，於是後來又有培訓機會時，長官就直接指派我參加了。這是一個更好的缺，若說教育班長培訓是大家避之唯恐不及的，那麼，駕駛兵培訓絕對正好相反，大家搶著要，但是連上長官就是指派我去。

那時我已經下部隊了，在中壢的砲指部擔任砲兵，那是個很大的單位，連長底下要管超過一百多位士兵。這麼多人當中，我被指派去受駕駛訓，也算是很幸運的了。

日後我也常說，機會來了很重要，但是如果時間不對或人不對，也不算是好事。以那年來說，原本考駕駛兵應該也是十拿九穩，卻不料當年不巧剛發生軍車交通安全事件，死了兩個軍人，因此軍隊高層下令，這回的駕駛兵甄選要從嚴。有多嚴呢？以前只要考試八十分就算及格，現在卻規定要滿分才能錄取。

這下可難了，畢竟我從小就是個很不會考試的人，現在還要求我要滿分。結果受了兩個月訓，我去考試時卻沒考滿分，因此被刷了下來。

　　事實上，當年有大半的人都和我一樣，受訓過卻後依然沒考上，但更慘的是，我浪費了兩個月沒考上駕駛兵，連長卻不放棄，要我再去受一次訓，但我又再次沒能錄取。這下子可慘了，我在軍中整個黑掉。

　　是的，因為參加駕駛班培訓，大半時候都可以脫離部隊的操練生活，結果前後兩次培訓加起來「爽」了三個月，其他阿兵哥當然眼紅了。現在可好，這個爽兵要歸建了，不好好整治他一下怎行。

　　只是他們恨歸恨，卻整治不了我，那個年代，軍中已經嚴禁不當管教，所以沒有發生像以前軍教電影中那些老兵虐待新兵的事件。但合理的管教是一定要的，也就是操練我伏地挺身、青蛙蹲跳等，不過結果卻發現，我的體能出乎意料的好，氣得老兵們牙癢癢的，卻又無可奈何。

　　但已經很「黑」的我，該如何度過剩下長達一年多的軍旅歲月呢？答案還是靠態度。

　　以前在校園時，我對師長都是畢恭畢敬的，現在來到軍中我依然如此，不論任何時刻，就算是休息時間，甚至在營區外面也一樣，我只要一看到長官，就會立刻標準姿勢立正敬禮，以宏亮有力的說聲：「長官好！」要知道，這雖是基本的軍隊禮儀，但是一般阿兵哥多半就只做表面，有姿勢卻少了敬意，而我則是這樣認真的敬禮問好，久而久之，長官們對我印象都不錯。很快的，又有下次的好機會等著我了。

玄 SIR 筆記

不論在任何職涯、任何崗位，時時保持正確的態度，那麼好事總會等著你。

最令人稱羨的軍中行政

因為我的態度良好，因此每當有好的職缺時，我總是不會被忽略。

某天我被叫去連長辦公室，他向來是一位不苟言笑、外表很兇悍的長官，雖然我沒犯什麼錯，但是當我被點到名時，內心多少還是會感到忐忑不安，以為要受到什麼責罵教訓。卻不料才一進到連長室，連長沒多說什麼廢話，就直接下令：「林哲玄，從今天起，你就接任行政！」

所謂的行政，也就是現在軍中的「預財士」，因為涉及軍中帳目及文書作業，一般來說都是由大專兵來接任，而我只有高中學歷，原本這個職缺不可能委派給一個沒有會計背景的一兵，但連長卻直接指派我接任，當時整個指揮部有二十幾個行政，連同我在內也只有兩個非大專兵。原本的那位行政因為表現不佳，經常請病假，因此惹怒連長，當下換人。

一般來說，新舊行政交接，通常交接者是老兵等著退伍，也比較有時間好好傳授各種作業流程給新人，但我的情況則是，

那個交接者是梯次比我後面的新兵，可想而知，一個臨時被換掉的人心情一定不好，這樣的人也不會好好的把工作交接給我。

於是我只有短短幾天的交接時間，同時原本的行政也不會認真教我。眼看這樣下去很容易出狀況，但還好我的貴人運繼續發酵，既然原本的行政不教我，我還是可以請教別人啊！請教誰呢？答案是：其他單位的行政。

靠著禮貌、嘴甜以及親切善待別人，我又遇到了貴人，一個月後順利交接了行政工作，從此進入人人稱羨的軍中天堂。

玄 SIR 筆記

所以要再次強調，態度很重要。貴人不是等在那裡讓你「遇」到的，貴人經常是用態度「吸引」過來的。

為何接任行政等同來到軍中天堂呢？因為行政工作最大的優勢就是外出洽公，我可以從早上八點一直洽公到下午六點，也就是躲過最辛苦的白天各種操練。這樣的我，自然又會被連上官兵們恨得牙癢癢的，但是我在軍中卻持續創下奇蹟。

當大家都在說我壞話時，包括連上第二大長官——輔導長都看我不爽，畢竟這個一兵每天可以穿便服在外頭逍遙，他這個輔導長卻得在營區流汗操忙，沒有一個人看我順眼的。

但不論聽到多少壞話，連長總是力挺我，原因還是那一點，任何時刻，我看到連長總是畢恭畢敬，行標準敬禮。當然，我也把行政業務做得不錯，我尊敬他是我的長官，長官自然而然就願意罩我了。

在擔任行政工作三個月後，一年一度的新兵分發季即將到來，並且這回分發的是大專兵。連上大家開始暗笑：「哈哈！林哲玄這回你完蛋了，等大專兵分發下來，你的好日子也就來到盡頭了。」

結果大專兵來了之後，連長卻沒有更換我職位的意思，那些大專兵一個一個被派去參一、參二、參三等辛苦的職缺，我卻依然穩坐行政職位。

而且這樣的事情每隔一陣子就會發生，每到幾個月過去，就會有一批新兵派進來，大家又是等著看好戲，然後我依然坐穩行政職位。這後來也創下了一項紀錄，我的行政職，從我接任那一天起做到了退伍，直到退伍的前一天，我都還在跑行政業務洽公出差。

此外，我還創下了另一項紀錄，就我所知，我是所有我認識的行政當中出差次數最多的。事實上，除了莒光日不能洽公以外，其餘每天我幾乎都在洽公。

為什麼可以如此？當然是因為背後有連長的允許，畢竟洽公單都要經由連長簽核。而連長為何願意如此罩我？除了我這個人的禮貌能博得他歡心之外，很重要的一點就是我做事牢靠，在

擔任行政的這一年多期間以來，沒有出過任何狀況。

　　所有該做的業務我都辦得中規中矩，之所以會那麼頻繁洽公，當然不是真的都在工作，許多時候我都跑去書店看書。但連長願意讓我洽公，我提出了一個很有說服力的理由，那就是，一般來說，上級會派人突檢督導各種業務，然而不管再怎樣仔細，多多少少還是會被找出缺點，接著就要檢討報告和扣分等等。

　　因此，我就向連長建議，要避免被扣分最好的方法就是乾脆不要被檢查到，當上級來督導時，行政已經在外頭洽公，洽公就督導不到，也就不會有缺失被發現了，這還真是高招。

　　就這樣，我憑著態度認真、對長官尊敬，也對自己的職務夠專業，平安的服役到退伍。但未來的考驗才正要開始，因為從退伍起，就是真正要進入社會，那又是一段艱苦奮鬥的故事了。

Focus 5

生命就是一場又一場的學習

　　在不同職場，有時候會聽到前輩用輕鬆但帶點教訓意味的方式說一句話：「不要常常說差一點、差不多之類的，要知道，差一點有時候就會差很多好嗎？本來是個『大』人，多一點就變成『犬』了。從人變成狗，差別很大的！」

　　在我成長歷程裡，也經常看到差一點就差很多的情況。

　　在軍中，做的動作都跟其他阿兵哥一樣，我只是「多一點」禮貌與敬意，於是別人當兵是水深火熱，我卻可以天天洽公納涼，還被封為「洽神」。

　　後來創業拓展攝影業務工作，有時候只是在作品「多一點」用心，或是對客戶「多一點」關懷，結果就會截然不同。

　　我們看賽馬時，經常會看到第一名和第二名幾乎並駕齊驅，輸贏往往只差一個馬鼻子，但就是這麼一點差距，第一名獲得巨

額獎金、創造光彩、被鎂光燈圍繞，第二名……誰是第二名，往往沒人會記得了。

　　一個學歷普通、除了基本攝影技術也沒什麼其他專長的年輕小伙子，要想在社會上闖出名號，靠的就是這個「多一點」。

比別人多一點，並且不要成為害群之馬

　　在人群中想要脫穎而出，只要多做一點就好，就像入伍前，就比別人多做一點體能訓練；在軍中，就比其他阿兵哥對長官們多一點尊敬。

　　除了「多一點」外，還必須持之以恆，也就是不能只做表面功夫，而是要有真本事，真的有比人多一點的實力。

　　我這個「洽神」，有件事相信即使是討厭我的人也不得不佩服，那就是就算別人認為我很假仙，看到長官就敬禮，至少我真的有始有終，直到退伍當天都是如此，從來不會因為自己是即將退伍的老兵就變得鬆懈。

　　在軍中我還學到一件事，那就是在團體生活裡，如果因為你個人的不用心讓自己被扣分就算了，重點是你還會連累全部的人。好比說，在軍中會碰到部隊下基地，在那段非常時期，真的就連行政也不准洽公，只能乖乖跟部隊一起操練。

　　那時候感到最糟的事，不是自己動作不標準會被長官責罵，而是部隊有規定，一個班裡只要有任何一個班兵犯錯，就下令實

施連坐法，全班要一起被罰，當時可讓我吃了不少苦。

　　當我這個爽兵必須跟部隊一起受訓時，其他士官兵是不可能放過這個可以整我的機會的，於是出砲操時，被分配到的絕對是最苦的工作，平常各種動作也絕對會被刻意放大檢視，甚至可以說是動輒得咎。那時我擔任的是裝填手，這個職位由兩個最菜的人一起抬著重重的砲彈，謹慎的裝入砲筒。

　　而這個職位也是最危險的，因為只要拿不穩，不小心讓砲彈掉下去，是有可能出爆炸意外的。而我這個一年到頭都在洽公的爽兵，當然平常不可能精實這些基本操練，動作肯定不熟練，天天都在出包。然後一個動作錯了，教育班長可不會放過，立刻要我們做青蛙跳一圈。

　　是的，不是「我」要做青蛙跳，而是「我們」全班都要做青蛙跳。

　　「看到沒有，那邊有一棵樹，全體班兵以該樹為目標，朝目標方向蹲跳過去，再順時鐘繞樹回到原點，直到我喊停才能停！開始！」

　　於是，我在眾人怨恨的眼神中，低著頭跟大家一起蛙跳過去。那些怨恨的眼神，若是化成實際溫度，我想我應該在幾秒內就可以變成煮熟的青蛙。

玄 SIR 筆記

雖然有這樣慘痛的經驗，但依然可以學到一些教訓，如果要帶領一個團體，加強團隊榮譽心是很重要的，如此就算有人想偷懶，也會顧忌怕影響整個團隊，而不得不振作起來，所以這也算是一門領導學。

至於站哨那就更不用說了，我絕對都會被安排到最辛苦的班，也就是凌晨兩點站到凌晨四點那一班，以消眾人之恨。

這對喜歡「對人以禮相待」的我來說，價值觀當然是衝突的，想要對人有禮，卻變成全民公敵，除非我不要成為拖累別人的人。

因此當年我也學到，一個人絕對不要讓自己成為害群之馬，在軍中，一個人動作不純熟，會導致全班兵被處罰；出社會後，一個業務團隊有人不認真跑客戶，則會把整個團隊成績都拉下來。況且若是一個身居管理職的人，卻表現得漫不經心，輕則會打擊整個團隊士氣，重則甚至會讓一個企業經營不善。

所以多年後，當我投入組織行銷產業，即便已到了很高的聘階，已獲得財務時間自由，我仍然兢兢業業的面對每一件事，天天不懈怠的經營好我的組職、演講培訓開發……，總是要讓眾人看得到我的言行一致，並且願意信任我、追隨我。

　　就是因為我知道這是團隊，一日身處團隊，就一日有我的責任，要提升團隊到更好的境界。

🧳 梅花圈裡的小兵

　　關於多做「一點」，我在軍中擔任行政工作時，還有一件事可以說。那就是每當獲准洽公，穿著軍服走出營門時，如同其他洽公人士會做的第一件事，就是脫下軍服換上便服。

　　營區對面有一間軍用品店，那就是我換便服的地方。營區外雖然不屬於軍隊的轄區，做事也都該守本分，別的不說，就說那個軍用品店老闆，本身就是和營區長官關係良好、互動密切的人。

　　我們這些行政兵有個不成文的慣例，就是要協助軍用品店老闆顧店，我自己就幫老闆顧過幾次店。而在眾行政兵中，老闆最喜歡的就是我了，原因就在我顧店時比別人多「付出一點」。

　　別人顧店就只是坐在櫃檯結結帳、看看電視打發時間，其他的事都不會去做，但是只要輪到我顧店，當老闆回來時，卻總是看見桌面被清理過了，東西都被收理整齊了，包括帳目紀錄以及東西歸位，一切有條有理。必須說，幫忙顧店完全沒有任何津貼，頂多就只是換得老闆的好評而已。

　　但光是這個好評卻也有正面的影響，因為軍用品店老闆常會和部隊長官交際，他對我的印象好，當然也會在長官面前講我

的好話，讓我的形象更為加分。到後來，我甚至還變成連長的交際代理人。

　　原來，在軍中也是非常需要社交的，那些職業軍官若想要升遷快一些，多少都要跟上級打好關係，因此軍隊高層的各種交際應酬是不能少的。偏偏我們連長個性不喜交際，可是每當有這類的交際場合時，若是受邀卻不去顯得不太禮貌，於是連長委託我代勞，反正我跟軍用品店的老闆熟，而很多這類交際的東道主就是軍用品店老闆。於是就出現這樣的畫面，在一次次杯觥交錯的場合中，只見滿場都是梅花（也就是校級軍官），甚至偶爾會出現星星（將級軍官），還有我這個最小的一等兵身處其中。

　　許多人總愛說，當兵這段時間是最大的浪費，特別是在我那個年代，年輕人仍需服兩年的義務役，更覺得白白糟蹋了兩年原本來可以累積工作經驗的寶貴青春。

　　但真的就是這樣嗎？我又要說那句話，**觀念態度決定一切。**當一個人抱著這樣的想法時，覺得當兵就是在受苦、浪費光陰，那麼他自然會覺得度日如年。但是既然你又不能逃兵，必須有六、七百多個日子待在軍中，何不改變一下思維呢？

　　就好比以前在婚紗攝影公司當月入五千元的學徒時，我就想成是在訓練自己的攝影技能。現在在軍中，則是磨練自己的堅忍意志，而像代理連長參與交際應酬，更是讓我上了一場場的業務學。此外，過往在當攝影助理時，收入少但又每天很忙，一個月休假日也才大約四天，根本沒空自我進修，反倒來到軍中後，

藉由洽公之便，我看了一籮筐的書。在當年離部隊最近的桃園火車站附近，如墊腳石、金石堂等幾家書局，都看得到我的身影，許多行銷業務的書本，我當時都是窩在書店角落利用下午時光看完的。

我本身沒有任何的商學本職學能訓練基礎，但後來卻能夠在業務領域有一定的成就，還真多虧我的這段軍中歲月，為自己的業務能力打下了不少基礎呢！

帶著這兩年的磨練及進修，我終於「正式」進入職場。那裡再沒有人可以罩我，能不能活出自己精彩的人生，就靠自己的真本事了。

玄 SIR 筆記

或許常聽人家說「小兵立大功」，這是比較誇張的講法，但至少可以確定的是，「小兵透過學習也能出頭天」，絕對是可行的。

脫節兩年，世界不一樣

在退伍正式進入職場前，還要做一件事，那就是我要找到「徒弟」，把行政工作交接給他。大家都知道行政是個超級大爽缺，所以大約在我退伍半年前，就已經明顯感受到許多同袍刻意

想要討好我，他們都希望可以被我看中，接任我的職位。

　　但是最終我挑選的，是一位同樣來自基隆的學弟。一方面基於照顧同鄉的情誼，二方面主要是我的價值觀比較認同敦厚老實型的人，而這個學弟就是這樣的人。

玄 SIR 筆記

> 交接這件事帶給我的感想是，一個人只要具備價值，那麼每個人都會想討好你，所以若一個人想要在社會上出人頭地，方法就是要讓自己變得「有價值」。

　　如同我選人的標準一樣，我喜歡勤勤懇懇、踏踏實實做事的人，當然我自己也要表現如此。1998 年，我領了退伍令，開始步入職場尋找工作。

　　踏出軍營後的第一個感覺是，雖然才當了兩年兵，但是整個世界好像變得完全不一樣了，那年在電腦界的一件大事，無非是 Window98 中文版正式發行。這件事象徵的意義，對攝影工作者來說更是巨大，隨著電腦科技以及應用軟體的日新月異，數位生活已經不可避免的逐漸影響人們生活，特別是攝影行業，感受更加深刻。

　　我退伍的那一年，市面上已經有了數位相機，只是當時的相

關技術仍在發展中，數位化尚未普及，但那也只是遲早的問題。

　　在其他行業，數位化不是什麼大事，頂多就是生活應用工具變得更加快捷，對於資料保存以及傳遞更有效率，但是對於攝影這行來說，卻是驚天動地的轉變。

　　想一想，從我學生時代到剛出社會當學徒所學習的技能，都是以傳統膠卷做教學，那些什麼修片、洗照片都是基於這個基礎，一旦轉型為數位化，就代表著全盤推翻，可以說以前所學的都白學了。

　　當然，有人會說直到二十一世紀的今天，那些專業的攝影者，仍然還是靠著傳統底片，上山下海拍出得獎的照片。但問題是，我當時是要「謀生計」，可不是要當什麼攝影冒險家，或是純以爭取比賽獎金為主的專業攝影師。

　　所以，我這個曾經幫前東家帶來生意興隆的當紅攝影師，但如今卻找不到工作了。我的前東家在我入伍服役後，生意一落千丈，雖然後來請了新的攝影師，卻再也挽回不了市場，撐不到我退伍，店就已經收起來了。就算那家店沒倒，也不能保證一定可以帶回當年的榮景，因為時代不一樣了，兩年前我擅長的那一套，現在已經不流行了。

　　這是社會現實的一面，可以想見，脫節的這兩年，讓一個曾經是「師」字輩的人，變成求職四處碰壁，又得回頭從助理做起。那麼，在其他領域是否也一樣呢？

玄 SIR 筆記

張忠謀說：「你的本領不再值錢時，再學習就來不及。」

如果一個人不求自我成長，也就等同放任自己和市場脫節。無怪乎有人工作越久，沒有學到可以繼續攀升的資歷，反倒讓自己變成薪水比新人高、卻必須被老闆優先裁撤的冗員。當有一天捲著鋪蓋走人時，再怎樣用哀怨的眼神看著老闆也沒用，社會的現實就是這樣。

如果說，我在當時尚未來到千禧年就已經如此，走到大數據時代的今天，這樣的汰舊換新速度只會更快。所以即便到了今天，已經站在公司的高聘，我仍然絕不懈怠，天天持續學習，我也總是對團隊的成員諄諄教誨。

學習是保持自己飯碗最基本的保證，不要想說自己工作安穩了就可以高枕無憂，當時代改變到你眼花撩亂時，再後悔就來不及了。

無論如何，退伍後，當兵的風光榮耀也必須拋棄了，一切重新開始，我在臺北一家婚紗攝影公司，又從助理開始幹起。

🧳 退伍後才遭受到的震撼教育

　　如果一個人永遠拿著過去的獎狀，說著自己曾經如何如何風光，就只會得到虛假的安慰，以及別人內心裡真實的鄙夷，畢竟「好漢不提當年勇」。如果一個人已經與社會脫節了，還要想保有自己曾經的輩分，覺得至少憑著過去的某種榮耀，現在應該可以從某個位階做起，這是很不切實際的，還不如早點覺醒，趁早打拚。

　　我可以花很多時間去緬懷歲月，曾經十九歲就當上攝影師，但是我在軍中已經學到了，做人不僅要懂得面對現實，也需要懂得何時該低下頭來。所以當我知道過往的技能已無法支撐我現在找到好的工作，真的沒有花太多時間去傷感，我一方面立刻放下身段，有助理的職缺就去應徵，另一方面，只要有時間我就去學習最新的攝影技巧。

　　這一回，我從一家位在臺北市的婚紗店助理做起。如果說這段歷程帶給我什麼樣的遺憾，那還是有的。但不是在工作上，因為我原本就知道自己要一切歸零從助理做起，而是在感情上，不得不面對一個現實，那就是我必須延緩成家的計畫。

　　原本在軍隊兩年的時間，那位大我三歲的校花女友，仍對我不離不棄，也從來不會擔心什麼兵變之類的事情，反倒女友一心想要與我結婚，她耐心的等著我退伍，也已經決定要當我的新娘。

可是我的想法是，既然兩年都已經等了，也不急在這一時。我告訴她，現在的時機點不適合結婚，因為社會已經跟兩年前不一樣了，我的工作又得從基層做起。經濟狀況也不如從前，我尚無餘力結婚，請她再給我一些時間，等工作穩定一點之後，再來談婚姻的事。

這是人生又一次錯過的機會，姑且不論這一段婚姻未來是好是壞，但是至少在當年，我是真心想和她在一起的。只不過我忘了，我有我的顧慮，但是對方也有她的擔憂。

我只想著自己還要再打拚一段時間才能娶人家，卻忘了身為女孩的她有年齡上的壓力，她大我三歲，以當時社會的眼光，特別是在基隆這種非都會區，當年女孩子都是比較早婚的。但是我只看著眼前自己的工作煩惱，完全沒想到這件事。

就在我把她的存在當成理所當然，以為她總是等在那裡時，如同這個社會不斷在變遷，女友的心也已經轉變了。就在我開始擔任攝影助理，從零開始，才第八個月，就突然收到一個令我措手不及的壞消息，她突然告訴我，她已經要結婚了。是的！不是分手而已，是已經要嫁人了，而我竟然之前都毫無察覺。

必須承認，這件事帶給我的打擊很大，過往當攝影學徒，必須蹲跪在地上作業，到了軍中，也經常碰到不合理的對待，這些苦難我都可以撐過。但是這一次的感情打擊，卻讓我第一次覺得像是世界末日般絕望，完全出乎我意料之外，更讓我差點一蹶不振。

玄 SIR 筆記

> 人生的一大教訓，就是不要總站在自己的角度，
> 以為什麼事都可以再等等。別說別人沒義務統統
> 都要配合你，現實生活中，「歲月催人老」就是
> 一大壓力，不論對父母、對愛人，都是如此。

　　更可嘆的是，其實只要再等我一下下，就可以出頭天了。我當了十一個月的攝影助理後，就升上了正攝影師，但是我女友不能等到那一天，就在第八個月向我攤牌了。

　　人生難免有這種遺憾。這給我的體悟是，有時候人對了，時間不對，事情無法圓滿；有時候時間對了，人不對，雙方不會有結果。這世間唯有時間對了，人也對了，才會有好的因緣。

　　人生是堂長長的課程，那一年我二十一歲，我受教了。也就在經過這樣的心靈震撼教育後，我開始進入正式的攝影師生涯。

Focus 6

坎坷攝影生涯路

　　在人生不同階段有不同的體悟。在初出社會的時候，心裡還有那種傳統的認知，也就是「一個人只要努力上進，終究會功成名就」；同時還恪守一些生活的基本準則，包括要時常進修、要建立人脈、要懂得找機會創業、要找到貴人，然後趁勢而起。

　　其實這些想法都是對的，但重點不在這些想法對不對，而在於你的人生格局在哪裡。

第一次創業當老闆

　　選擇的戰場不一樣，成就也會不一樣，這回重新出發，雖然還是從助理做起，但這次是在全臺灣最著名的婚紗產業聖地，也就是臺北中山北路的婚紗店服務。在那個地方，我有更多專業

啟蒙的機會，可以看到更多的學習範本，加上本來就有一定的底子，而我又好學不倦，因此才能夠在不到一年的時間就出師。

內心裡，我仍惦記著當年在海邊許下的願望，要變成有錢人，一個可以在臺北市買房子的有錢人。但是我都已經工作這些年了，也知道單靠領薪水是絕不可能達到這個目標的。

所以也不管當時才二十幾歲，也沒去想如果失敗會怎樣，反正我就憑著一股熱情，在初步評估攝影產業大有可為後，才升上攝影師的第三個月，就決定自己出來當老闆。我回家向爸媽借了一點錢，就準備要早日實現夢想，二十三歲時就決定創業。

當然，看過那麼多行銷書籍的我，也知道不要和競爭者強碰的道理，那時候《藍海策略》這本書還沒問世，但我知道要找的是競爭較少的地方，臺北已經是兵家必爭戰場了，於是我選擇跳離這裡，回到自己生長的家鄉，同時也是我最熟悉的地方，我的第一家婚紗店就開在基隆。

開始這個策略對了，畢竟基隆算是個小地方，婚紗產業還沒有那麼先進，我的技術可能在臺北只是群雄之一，但是一回到基隆，就可以當一方之霸。或許說自己是一方之霸有點誇張，但至少我這家店是可以經營得下去的，只是「可以經營下去」跟「經營得好」還是有一段距離。

正確來說，我是累得跟狗一樣在經營的。有人開玩笑說：「累得跟狗一樣。」其實這句話有問題，狗才不會那麼累呢！總之，我是沒日沒夜的爆肝在經營事業，原因倒也不是生意做得多

興旺，而是我那家店始終就是只有兩人的小公司，我這老闆什麼事都要做，雖然還有造型師，但除此之外的工作，包括攝影、看店、打雜，統統都是我自己要負責。

當初創業時，向家裡借了一筆錢，但光是店租及基本的開銷成本，就已經很勉強了，在此也要特別感恩我的貴人，也就是我當兵前那家攝影公司的老闆，他的店雖然收起來了，但是那些禮服及相機都還留著，感恩他的無償提供，否則我的店還真的開不起來。那時我向前老闆許下承諾，他這些禮服及設備借給我，等我賺到錢了，一定不會忘了重酬答謝。

然而實際的發展，後來還是沒能經營成功，並不是我不夠努力，而真的是大環境的問題。第一年創業維艱，缺客戶也缺名聲，年度結算是虧損的，儘管第二年、第三年有做起來了，但很不幸的是，2003 年遭逢到了一場世紀噩夢，也就是大家想起來還心有餘悸的「SARS 風暴」。那一年許多公司都因為這場打擊而倒閉，而我也是受害者之一，我的創業終究沒撐過三年，SARS 一來百業蕭條，因為受到疫情影響，沒有人敢結婚，我的婚紗攝影也只好黯然收攤了。

我對前老闆感到很抱歉，向他借了三年的東西，終究還是不能賺錢來回饋他，不過就算我那時創業失敗還欠了一屁股債，還是有包了一個紅包答謝那位老闆的恩情。

做人必須感恩，這是我一輩子都不會忘記的事。

玄 SIR 筆記

> 感恩是「道之門」，人會痛苦是因為離開感恩，
> 人會迷惘是因為失去目標。

在不對的地方，暫時成功也枉然

好吧！失敗過一次了，沒關係，我告訴自己，我是打不倒的勇者，所以我心中還是抱著創業夢。那年我才二十六歲，的確有本錢可以繼續做冒險的夢，這一次，我投入一個更大的專案。

那是一家至今還經營得有聲有色的寫真公司，以市場區隔成功打造了廣告創意而小有名氣，如果當年沒有半途而廢，我也是這家公司的老闆之一。

總之，當年有個機緣，受邀一起參與班尼頓這家公司的經營。這中間過程有些曲折，邀請我的那個朋友，之前是班尼頓的攝影主管，之後離職去其他公司服務，而同一時間剛好是我創業失敗時，只好又回頭當起上班族，剛好就在班尼頓當攝影師。

大約半年後，班尼頓這家公司就已經危機四伏，準備宣告倒閉，就在這個時候，那位在此當過攝影主管的朋友回過頭來，說要買下這家公司，並且邀我一起加入，也就是讓我從原本的員工身分，變成合夥人之一。

這真是一個更大的冒險，班尼頓前兩任的慘痛教訓就是例

證。據聞第一任老闆經營這家公司賠了幾千萬元，而接他棒子的前老闆，甚至賠更多。

　　既然前人都如此的慘淡收場，我那位朋友有可能做得更好嗎？雖然事實證明他後來成功了，然而在最初的時候並沒有那麼順利。公司經營還在摸索，每天持續在燒錢，身為合夥人的我，當然也要設法籌錢，但此時我真的是四處借貸無門。

　　之所以借不到錢，也是因為之前二十三歲創業時曾到處借錢。還記得那時我去拜訪一個好哥兒們，一開始還聊得很愉快，但是當他知道我是想要向他借錢時，就明顯的不太想談，後來甚至乾脆扯破臉，直接教訓我一頓，他說借我錢也無濟於事，就像把錢丟在水裡一樣回不來。他還直接勸我安分守己的去工作，不要跟著別人去夢想當老闆什麼的。

玄 SIR 筆記

這也證明了許多時候，懂得堅持的人最終仍能開拓出一條新路，至於什麼事該堅持，什麼事不該堅持，這就需要人生的智慧了。但可以確認的是，如果什麼事都不夠堅持，人生只會一事無成。

如果後來我真的做起來也就罷了，不幸的，三年後我創業的確失敗了，如今來到班尼頓又想要借錢，想到當年的遭遇，內心就有了陰影。

最後，眼看這家公司仍沒有起色的樣子，我只撐了半年就退出，因此沒能參與這家公司後來的開花結果。

> **玄 SIR 筆記**
>
> 這件事也給我很大的體悟，若你在不對的地方暫時獲致成功，成功也不會長久；但若是在對的地方，只是暫時不成功，堅持下去就可能成功。

就像對我來說，之前在基隆創業也曾看似會有前景，甚至也開始賺錢了，但沒想到那些成功只是暫時的，一旦碰到狀況，美夢就立刻破碎。

而對我那位頂下班尼頓的朋友來說，班尼頓則是「對的地方」，他有想法、有願景、有想做的熱情，因此他堅持下去，最終他成功了。

這裡也讓想要創業的朋友了解一個殘酷的現實，根據一份針對中小企業的長期報告指出，新創的一百家中小企業中，一年內的存活率只有 10%，也就是一年後這一百家中小企業大約只

有十家還存續著。時間再往後推，四年後再統計，這 10％存活的，屆時又有 90％已經倒閉，整體來說，新創公司五年的存活率只有 1％。

　　所以當老闆並不容易，但我並不是要說服大家放棄當老闆，而是要強調，要當老闆的人，就要有強烈的使命感，要有很足夠的心理準備，就算碰到像班尼頓那樣，一開始虧損連連的狀況，仍能有毅力、恆心找對方法，把夢想堅持下去。如果不具備這樣的特質，只憑著自己覺得當老闆很帥，認為當老闆就一定可以晉升有錢階級，這樣的創業基礎太過薄弱，很容易跌跤受傷。

　　無論如何，二十幾歲的我人生還在摸索，創業再次的失敗，等在面前的，仍是不知何去何從的茫茫人生路。

當產業轉型時，你該怎麼辦？

　　那真是一段內心常常處在天人交戰的日子，覺得自己的人生不該只是這樣，但又不知道該如何是好。尤其我是那麼愛閱讀的人，但讀的書越多，實際上卻又不知道該如何落實去做，又沒有人可以指引我，實在很痛苦。

　　後來當我投入組織行銷產業並走出一條坦途後，這些珍貴的經歷剛好可以用來帶領夥伴們，因為我知道，走在茫茫路上內心卻又渴望成功，那種心境是多麼的無助。而我知道人們那時最需要的是導師、是生命教練，因此我投入許多的心力在教育培訓

上，為了幫助每個會員能夠實現夢想，我很樂意將我的人生智慧傳遞分享給大家，這也是本書出版的背後原因與使命。

　　二十六歲再次創業失敗後，當時茫然的我，雖然不知道接下來要做什麼，但是仍然沒有忘記要繼續打拚及學習。不想要退休後還要為金錢煩惱，所以我看了很多理財方面的書，包括《富爸爸，窮爸爸》系列等，我知道追求財富自由的重要，也曾買賣股票，或者做著當包租公的夢。

　　但是我很快就發現，若沒有相當的財富基礎，想要創造非工資收入是很困難的，畢竟如果手中只有幾萬元，再怎麼滾也滾不出什麼名堂來，因此最終仍必須踏實的擁有一份正當的本業。

玄 SIR 筆記

所謂「不經一事，不長一智」，雖然當年的我曾經落魄，但至少因為嘗試過，而後來也逐步找到方向。比較上，若一個人什麼都不願意嘗試，每天只想活在舒適圈，等到老時就會後悔莫及。

　　我繼續找工作，當年在攝影公司當助理的一個好處，在此時也充分顯現出來，那就是我真的被培養得能屈能伸了。任何時刻，只要想到曾做過必須經常蹲跪在地上做雜務、月領五千元的工作，那就沒什麼好擔心什麼面子不面子的了，即使曾經當過老

闊，現在要我回過頭去當人家的員工，也都不會有什麼心理障礙。到頭來，生存本能超越一切。

　　無論如何，那一年我必須繼續求生存奮鬥。在剛退伍的那一年，數位相機已經問世，只是尚未普及，但數位相機逐漸變成攝影的主要潮流，這件事已經不可避免。而身處攝影圈，我也親眼看到許多從前風光過的攝影師們，無法面對這樣的數位浪潮，他們就這樣一批批被淘汰掉，比率之高，我估算至少有一半的攝影師就這樣轉行了。

　　而這一轉行就永遠不能回頭了，許多人後來跑去做保全人員或保險公司業務員，因為這兩個行業大致上不需要什麼資歷。而在當年，我也幾乎要成為被淘汰的那一半，還好靠著拚命學習，後來才能在攝影這行繼續立足，謀個生計。

　　說到這裡，我也要提醒讀者，不論你身處在哪一個行業，一定要懂得居安思危。這分兩個層面來講，一個就是我前面說過的，要持續學習，任何領域一旦脫節個一、兩年，很可能就會被後學追上，然後工作被取代；另一個層面就更嚴肅了，那就是請你想一想，如果整個產業都被淘汰會怎樣？像我這樣，原本以傳統膠卷為基底的攝影產業，一整個被推翻，變成數位攝影的世界，你該怎麼辦？

　　別以為這種事只發生在某些特殊領域，事實上，根據專家的預言，現在人們仍在進行的工作職業，未來可能有超過一半會被迫轉型，由 AI 人工智慧取代，或者完全轉變成另一種性質。

　　這種例子每個年代都有，只是到了現代更加劇烈而已。

　　有沒有想過，當發現未來不看好時，趁現在還年輕，你要轉換跑道還來得及，不要以為「船到橋頭自然直」，更多人的情況是當年紀太大的時候才後悔，到時候就悔之晚矣！

　　這也是我後來投入組織行銷產業的原因，這是一個不會被時代淘汰、並且快速建立財富的職涯模式。當然那已是後話了，這裡回過頭來，再來聊聊二十六歲的我。

為了生活開始四處接案的生涯

　　放棄內心的執念後，用歸零的心境重新學習，那時的我甚至連電腦使用都不太靈活，但是為了求生存，任何困難都必須想辦法克服。

　　年輕時，為了學習修底片，還得隔著門板偷聽師父講話，回家自學，沒想到多年後，那時所學的幾乎都已經沒用了。然而現實不容許傷感、不容許自怨自艾，我花了很多時間學習各種數位攝影技術，但同時間又得要兼顧生計，必須找工作做。

　　我經過一番內心交戰，後來發現，最適合自己的工作模式應該就是個人接案，一方面不必像上班族一樣，被綁在朝九晚五的場域，領固定的薪水，時間不自由；另一方面也保有一絲絲創業的感覺，如果個人接案工作做得好，生意興隆，其實也算是一種創業。

> **玄 SIR 筆記**
>
> 一切都是最好的安排，有時候當我們願意用心投入去改善自己的生活，即便資源似乎匱乏，前景看來也是不明，但前方終究會找到出路。重要的是，你有沒有具備那顆熾熱的心。

　　當時一開始只是零星的接案，後來也慢慢做出了一定的口碑，隨著客戶越來越多，其中包括了不少重量級的客戶。而這樣的接案模式維持了七、八年，直到後來遇到我生命中的貴人，才有了新的轉機。

　　正常來講，一個知名的攝影師，都會有自己的攝影風格，甚至是自己的品牌，但是最初接案時，真的純粹只是為了過生活。

　　雖然我因為靠著自學加上經驗的累積，更能自創一些拍攝技術，可以承接的案子也越多，但是那樣終究只是勞務工作者，販賣自己的智慧財產，如果市場不好，就只好降價求售，大致上就是這樣的概念。

　　我接拍的各種專案中，最常見的是寶寶照還有畢業紀念冊，至於婚紗照那就更不用講了，那是最大宗的。而整個時代的變遷也對我有利，許多婚紗公司已經不特別聘請支薪員工，而改以常態個案外包，與不同的攝影師合作，這樣我就有更多的案源。

　　甚至我還接了喪禮攝影，這一塊可能一般人比較少聽聞，

但的確有一定的市場，特別是比較有社會地位的人家，他們的家族喪禮過程是要請專人做記錄的。而這樣的案子並不是人人都想接，畢竟有些人心裡多少都有忌諱，若不是真正有經濟上的困難，不一定會想讓自己整天待在那種場合。

此外，接手喪禮攝影，也有一些不成文的規定要遵守：

第一，拍攝前一定要去拜拜，不是拜神明，而是對往生者的遺像拜拜，心中虔敬的默唸：這位先生（女士）您好，我今天受命要為您的告別式做記錄，這也是家人對您的懷念方式，我會以誠懇專業的態度來記錄這一切，也請您信任我，讓我可以順利拍攝。

第二，做喪禮拍攝不能打閃光燈，如果遇到光線較昏暗時，就只能用紅外線對焦拍攝。這不只是基於什麼迷信的理由，也因為在實務上，哀戚的場合不適合燈光這樣一直閃爍，畢竟這不是媒體發表會，可以的話，盡量不要讓家屬感覺到旁邊有攝影機。

第三，依照禮俗，參與者都要去瞻仰遺容，這時請不要白目的去拍攝往生者的臉。

說起來邪門，要說是迷信也好，巧合也好，總之，若真的有人觸犯禁忌，還真的會發生一些不愉快的狀況，受傷或諸事不順之類等無法解釋原因的事件，這真是特殊而難得的一種攝影經驗。

就算挑戰極限，也所得有限

　　我的確很努力，並且在攝影領域裡不斷創造新的里程碑。因為害怕被取代，所以我拚命的學習，賺來的錢也有許多拿來做為設備的更新，光是相機的周邊配備，包含軟體就要幾十萬元的開銷。雖然已經是業績冠軍的攝影師，颱風、下雨還是得騎著摩托車到處接案子。

　　當大環境不景氣的時候，就算案子的報酬很少也必須接。例如寶寶照或者幼兒園攝影專案，過程很辛苦，拍攝一整天下來只能賺兩千五百元，還不包含車馬費及三餐。學校集合所有孩子在一起，只給你半天的時間要全部拍完，畢竟老師要集合學生乖乖在一起也很累。攝影師生涯裡有什麼是最挑戰的呢？絕對是拍幼兒園小孩，哭鬧不受控、不配合、狀況百出，不過這也算是操練耐心的魔鬼訓練了。

　　跟幼兒園幼童相較之下，拍國中、高中生要容易些，但也都是苦差事。反正為了賺錢，就必須承接各種案件。另外，也要不斷自我提升，並且要設法創造屬於自己的特色。我在臺灣攝影界雖然不算是名人，但在當攝影師的那段時期，也有很多突破性的創舉。

　　例如，我在當時創造了一種一百八十度拍攝術，後來又改良精進變成三百六十度拍攝術。這是我跟一位專精人文攝影的前輩學習，然後從他那邊得到的靈感。顧名思義，一百八十度或者

三百六十度，就是以被拍攝的對象為核心，環繞著他拍出多角度的照片，搭配我自己規劃的二十多套劇本，視對象來應用，如此的拍攝法可以呈現多種樣貌。

這也是數位時代才做得到的事，如果在沖洗底片的年代，就不可能這樣做，畢竟光是拍出來的照片就要七、八百張，甚至上千張。但不論如何，就是因為我願意不斷嘗試各種革新的攝影方法，所以在業界也算累積了一定的肯定度。

也因為能力受到肯定，接了很多大老闆的案子，甚至必須驕傲的說，我是「被指定」的，那些大老闆指定由我來拍他們的人像照，不只因為我的攝影手法在業界小有名聲，也因為我平常就很用心，好比說，每當有機會幫大老闆拍照時，我都會額外自費，先從對方的諸多相片中，挑選一張最上鏡頭的，然後裱框送他。

由於這些照片的確出色，所以會被老闆們掛在辦公室，甚至有的老闆因為經常出席各種活動，每次一有活動時，我就送一幅專屬的帥照相框，十次拍照就累積一個成長史，連大老闆自己看了都點頭稱讚，無怪乎會指定找我。

而說起那些照片為何可以那麼上相？那可不是隨機的，為了等一個好的畫面，往往必須屏氣凝神好久，例如當大老闆拿著麥克風講話時，這種畫面其實不好抓，十個人拍攝，有九成九的人絕對會拍成大老闆對著麥克風張大口的樣子。但是那種照片並不上相，明明對方就是講話的狀態，此時就要善於等待，我會等

到大老闆難得沒有張口時,會出現一副胸有成竹、對著臺下很有領導人氣勢的時刻,快速捕捉這一幕。這樣的照片不必多,一張就夠了,一張就夠讓大老闆永遠記得拍照要找我。

　　我的能力也真的受到肯定,不但得到了攝影銅牌獎,也被邀請參展,同時還上過雜誌接受專訪,儼然是專業名人。這樣累積的名氣,讓我可以擁有還算可觀的案源,因為技術獲得肯定,往往可以同時跟超過二十幾家的攝影公司合作。也因為時代的變遷,各攝影公司從以往聘請自家師父,逐漸轉型為不聘請專職人員,而是改為和像我這樣的專業人員合作。

　　由於我可以算是因應時代趨勢,所以在這麼多年裡,即便同業競爭者眾,還是能擁有自己的小小市場,收入也還算不錯。但這也已經是極限了,在體能和時間都有限的情況下,都已是用健康換取金錢了。

　　就這樣,我從二十幾歲開始當接案攝影師,直到將近三十五歲的時候,都還是如此。那些年我最重大的人生轉折還未到臨,我人生中最重要的貴人也還未出場。

　　下一章,故事將逐步走到那個重要的生命轉折點,在此,我再來分享一段攝影師時期的坎坷。

玄 SIR 筆記

> 人們應該努力，但是也絕不要忘了一件事，每個
> 人的時間是有限的，體能是有限的，如果一個人
> 的收入完全依賴這些有限的時間和有限的體能，
> 那就不僅代表著收入有限，並且還會犧牲其他重
> 要的事物，像是健康、家庭……等等。

令人不捨的資深前輩

2012 年，當時年紀已經三十好幾的我，碰到一次很大的內心衝擊，雖然主角不是我，但卻有種感同身受的悲傷。

那時我在業界已經不算是年輕人，但也還不算是老人，因為有不少年紀不小的人，仍必須背著攝影器材，氣喘噓噓的追著拍攝對象跑。

那回的經歷至今仍歷歷在目，那原本是一場再普通不過的婚宴攝影，這種場合每個月都要接個幾場，也是我很重要的收入來源。通常這類場合，絕對不會只有一位攝影師，而是至少有兩位，一位負責拍照，一位負責錄影。攝影師很辛苦，要一整天拿著鏡頭頗有分量的專業相機，但比起錄影師就不算什麼了，他們的機器設備還要更重好幾倍。

　　那一次和我搭檔的錄影師，我不方便當面問他年紀，但從他鬢髮斑白、臉上刻滿歲月痕跡來看，少說也已經年過六十歲了。我在攝影的空檔時和他聊天就問他：「這位資深的大哥，你怎麼這麼辛苦，像拍照這樣的事，派徒弟來就好了不是嗎？」我言語中尊稱他是「資深」，是因為不好意思直接說他年紀太大。

　　而對方也語重心長跟我說，他其實已經七十歲了，出來接案也是不得已，因為工作了大半輩子，做到屆退年紀，電視臺不要他了，光靠退休金又不夠養活家計，所以還是得出來接案。

　　我當時聽了內心有點震驚，因為對方提到的電視臺也算是國內的知名公司，一般若聽到有人在電視臺上班，像我這樣靠接案維生的人，是多少有點羨慕的。沒想到即便像這位資深前輩，在這家大電視臺奉獻了大半人生，最終老來也無法過得安逸，仍必須拖著老邁的身體，出來跑案子謀生計。

　　那天依照行程，我們先去新郎家拍攝各種花絮，包括他正在穿西裝、喜氣洋洋準備去接新娘子，還有親友在一旁喝采等畫面。我和資深前輩亦步亦趨跟著新郎倌，又要小心翼翼不要干擾到他們之間的互動。拍完了新郎倌出發的畫面後，拍到他準備上禮車，接著又要快跑跳上工作人員的車子，出發往新娘家去。

　　快到新娘家時，我們必須捕捉新郎下車迎娶新娘的珍貴鏡頭，因此在離目的地還有段距離時，就必須先跳下車，快跑到新娘家，然後回過頭來拍新郎禮車前來的畫面。這整個動作都必須要和時間賽跑，若稍微有拖延到，不幸耽誤到人家的喜事或錯過

任何鏡頭，都是不被饒恕的。

所以我們跑場子的感覺，就跟警匪電影裡那種緊湊的劇情很像，快速下車、快速衝鋒，連我都感覺到手忙腳亂，血脈賁張的超級緊張，更何況那位資深前輩。

正當我倆奮力往新娘家衝的路上，忽然「啊！」的一聲，慘劇發生了。我一回頭，但見資深前輩整個人跌仆在地，我親眼看到，他為了保護那臺價值不斐的珍貴攝影機，寧願自己摔傷，也不敢讓攝影機有所損傷。

就這樣在跌倒的同時，他用肉身護住機器，整個人手臂立刻見血，包括嘴邊也明顯的撞傷，但我們當下也不敢稍有停留，我攙扶起他之後，兩人繼續往前衝。

雖然接著就是緊鑼密鼓的工作，但我的內心卻湧起了很大的哀傷。在喜事的場合，當然要強顏歡笑，可是我看著在場的長輩們，心裡忽然有一種錯覺，我化身為那些長者，都已經七老八十了，卻仍必須拿著攝影機在工作。當天是飄著細雨的天氣，看著資深前輩顧不得清理傷口，七十歲的他仍需賣力工作，實在是淒涼。

當下我就立誓告訴自己，不行！絕對不行，我的未來不要是這樣！我要求自己，最晚一定要在四十歲前退休。但立誓是一回事，能夠做得到嗎？那天忙了一整天後，我帶著憂傷的心情回到家，依然還是得準備隔天的案子，而婚禮當天的照片，也都還等著我處理呢！退休，只是作夢，真的很無奈。

Focus 7

人生終究要找到新的出路

　　小時候老師總是會跟我們說，所有的習題都會有解答。傳統教育告訴我們，一個人只要肯努力認真，做事對得起良心，並且持之以恆，當個好國民、乖寶寶，善用所有正面的特質，諸如勤勞、上進、誠實、專業、心存善念，與人相處愉快，懂得溫、良、恭、儉、讓，憑著臺灣人「愛拚才會贏」的精神，最後一定能夠成功。

　　但……如果這些事都做到了，真的就一定可以成功嗎？

　　經過了幾次的挫敗，我開始對人生產生了質疑。剛開始我只覺得是否自己的能力不足，或者運氣不佳，但是到後來，專業能力也提升了，工作態度也都戰戰兢兢不曾懈怠，頂多卻只能過著收支平衡的生活，當初許下的承諾、想要追求的夢想，企盼在臺北買一間房子讓家人脫貧，不要再被親戚取笑，這樣的願望卻

永遠看起來遙不可及。於是我經常問自己，我真的要向現實妥協而放棄自己的夢想嗎？有時候想想真的不甘心啊！但只能繼續被生活追著跑，每天扛著攝影機，拍攝人間的喜怒哀樂，也消耗自己青春的時光。

遇見貴人，找到人生的轉機

　　說起來，這世界上一定有很多人跟我一樣，已經發現正在走的這條路不對，看不到未來，但卻又不知道該怎麼辦，特別對我來說，更是艱難。如果說我的收入低那就算了，改變的方法就是找收入高的工作；如果說學藝不精也就算了，改變的方法就是加強學習充實自己。

　　但偏偏我當時算是得過獎、有點實力及名氣，收入雖然有限，但老實說比起一般上班族已經算是比較優的，只不過之前做生意賠了許多錢，我每個月賺的錢都還需還債，加上攝影這一行要投資很多成本在設備更新以及學習進修上，所以我永遠都感覺收入不夠用。

　　更慘的感覺是，直到三十幾歲，我都還是機車族，並且是一輛破爛經常需要維修的機車。我已經創業過了，所以不是我不嘗試；我已經得到很多老闆肯定了，所以不是我沒行情。但我都這樣努力了，人生卻還是一片茫然，那種感覺就好像有一個學生，都已經是全校畢業成績第一名、得到市長獎了，結果卻仍被

宣判是失敗者一樣，真的都不知該如何是好了。

有人說靠錢滾錢可以累積財富，我當然也嘗試過了，我買過股票，也曾試著投資房地產，但是我每個月都要還債，資金其實不怎麼夠，買股票也賠錢。人家說當包租公可以有被動收入，但是要買房子的那筆自備款，我也都還沒存到，就已經在生活中不斷耗損著。同時間，我的感情生活也不穩定，總是無法找到合適的對象，整個就是事業、婚姻一事無成。每天早上起床，就只有滿滿的無力感陪伴著我。

我的命運前景看似無解，直到我遇到了嘉秀姐。是的，後來她成為我的事業合夥人，也改變了我的人生。我時常還是尊稱她一聲嘉秀姐，她是我人生的導師之一，但必須說，當我和她初次相遇的時候，她的狀況也沒有比我好到哪裡去。

之所以會認識她，緣由於我接案，前面曾說過，當時的攝影公司聘僱趨勢，已經改為與攝影師合作為主，而不再聘任專職人員，因此很多公司都在尋找配合的人選，我也因此跟二十多家攝影公司都保持著合作關係。

當時有聽到某家公司，也就是嘉秀姐開的公司要找攝影師，我就去面試了，第一次面試只是談談，後來並沒有合作，原因是嘉秀姐當時談完後，並沒有繼續聯絡我，主因在於我面試時拿著幾本高品味雜誌去，秀出裡頭我被專訪的照片，當下嘉秀姐第一個感覺是，這位林哲玄先生（當時大家已經叫我「玄 SIR」了），價碼肯定很高。

　　當時見面也不方便直接談待遇，於是就這樣，她自認請不起我，所以就沒跟我聯繫，當時就這麼不了了之。

　　說到這裡，我要補充說明一下，為何我會被稱為「玄 SIR」呢？其實一開始是因為要和其他人做區隔，在攝影這一行，我們畢竟是「師」字輩，客戶會尊稱我一聲「林 SIR」，但是在臺灣，林姓是大姓，叫起林 SIR 很多人都會回頭。於是為了區隔，大家漸漸的改叫我「玄 SIR」，那是我大約二十六歲，也就是在攝影圈小有名氣時的事。只是後來這個尊稱一直沿用下來，並成了我攝影工作室的稱號，況且後來我投入組織行銷產業時，也繼續沿用「玄 SIR」當我的藝名。

　　關於我的「造型」，至今我的形象仍是留著小鬍子，這則是早在我十九歲尚未當兵前就已如此，原因是當年我十九歲就成了正牌攝影師，但畢竟我還只是個年輕小夥子，一臉稚嫩的樣子，為了「裝大人」，所以才刻意留鬍子。而這個造型，至今也沿用了將近二十年。

　　接著回過頭來介紹一下嘉秀姐。第一次見面之後，算是不了了之，但是該遇到還是會遇到，後來有一天，嘉秀姐那邊有一個已經承接的案件，不知道為什麼，配合的那個攝影師臨時不能來，心急如焚的她，在焦慮中想到她手上有我的名片，於是聯絡上我，也就是找我去當救火隊。

　　無論如何，再次相遇，我們開始了正式合作。

玄 SIR 筆記

> 就好像我們看電影，有些角色一出場是個小人物，做個搬運工等等，但一旦等到機會來臨就會翻身，變成領袖，變成英雄。

所謂時勢造英雄，關鍵要有兩件事：

第一，當然要有時勢，對每個人來說也就是「機會」。我相信一個人一生中肯定會碰到不只一次可以改變命運的機會，只是看一個人有沒有把握而已。

第二，就是要有個英雄。這英雄不是突然變英雄的，一定是本身本來就有一技在身，只是過往沒有發揮的舞臺而已。如果本來就不具備英雄的特長，那麼就算有「時勢」也無濟於事。

2013 年，時勢出現了，我們把握了，所以命運就改變了。

我們變成創業合夥人

認識嘉秀姐時，她雖然是攝影公司的老闆，但是這家公司，說真的，當時我是覺得怎麼那麼不專業啊！後來我才知道，原來嘉秀姐的專長是業務工作，她很擅長開發客源，但是對婚紗攝影並不是很了解。認識她的時候，我看她的「團隊」（也就是經常性搭配合作的外包廠商），連造型師都很不專業，更別提周邊的

禮服、場地、設備⋯⋯等等了，這一切在我眼中都是不及格的。

　　那一回擔任救火隊，是要拍攝一組全家福照，我這外人也不方便去改變什麼，其實要改變也已經來不及，例如當天造型師幫那位媽媽做了一個很糟的造型，他竟然將這位長輩的頭髮染成紅色，感覺上很像落魄的舞臺秀場，而化妝師也不專業，整體形象看來就是很糟。

　　可以說，在場唯一專業的人就是我了。如果說關於髮型、造型、衣服等等都已經來不及改了，那麼我在攝影這部分還能挽救些什麼嗎？

　　還好，我還可以做點什麼補救，而且我的動作超快。那天中午，嘉秀姐讓我們繼續工作，她出門去買便當。沒想到就在這麼短暫的時間裡，等到她回來的時候，我已經把照片拍好了。

　　嘉秀姐雖然對攝影沒那麼專業，但是起碼的基本常識也是有的，她其實也認為當天的造型做壞了，心裡預估可能要整個重拍，今天就當作試拍算了。沒想到我後來拍了那麼多的照片，不但讓客戶感到很滿意，對方甚至覺得整體效果很活潑自然，她們也願意買單，這一回挑選照片，客人一共花了六萬多元。

　　有了這一次的合作，讓嘉秀姐對我的技術佩服得五體投地，並且決定跟我長期合作。我們也以這次的合作為基礎，在很短的時間內，我跟她就由一般的老闆與專案人員關係，變成了好朋友關係，再後來，我和她決定共同創業，乃至於願意成為彼此一輩子的夥伴。

　　總之，我後來就從一位單純接案的攝影師，變成一家婚紗攝影公司的合夥老闆。而嘉秀姐需要我的攝影專業，我也很需要她的業務開發，我們倆正好互補。

　　我的攝影資源立刻派上用場，我認識很多攝影界的朋友，有的經營事業失敗，倉庫還堆了上百件禮服，我們就去收購，花十萬元就能買超過兩百件禮服。當然，我們也都心知肚明，對客戶來說，每次會被挑的禮服就不出那十幾件範圍，但是開婚紗攝影店，總是要讓客戶有可以「挑選」的感覺，因此，透過我的關係，至少讓我們的店變得更有「料」了。

　　同時間，我們也將公司做了大幅度的改變，包括重新調整合作廠商，助理也換了人，包括店面也搬遷了，從以前的二樓搬到某間大廈的一樓。當時的店面是在板橋，說實在的地點並不是那麼好，不但沒有位在大馬路上，甚至也不是大巷子旁，而是巷子中再小的巷弄裡，一個大約四十坪的空間。

　　即便如此，嘉秀姐真的很厲害，她就是有辦法把源源不絕的客戶帶進門。她會透過參加工商婦女協會等場合，建立她的人脈。我和她也認真規劃著，一個月如果能夠找到幾組客人、拍多少照片，那麼每個月營業額上看百萬元是沒問題的。

　　事實上，我們在小巷子內開店，不但生意興隆，甚至還必須排隊預約才能拍到，而這件事已經變成了新聞，當年就有電視臺特地前來進行專訪。

　　看到我們上了電視的新聞專題，還有朋友來問我們，買廣

告要花多少錢。但我們真的沒有花錢買廣告，完完全全都是因為攝影公司做出了名聲，記者自己上門來採訪報導的。

　　我和嘉秀姐就這樣煥然一新的創業著，連我也感到人生有了小小的突破，至少我有個「家」的感覺。然而，如果人生就這樣發展下去，那麼這本書可能就會變成我和嘉秀姐的婚紗創業故事，那樣的話，也不過就是個「小確幸」的格局罷了。

　　實際上，後來的故事完全不是朝那個方向走。別忘了，我是要告訴讀者如何突破人生，而我們後來也真的突破人生新局了。

玄 SIR 筆記

> 做對的事情，散發出來的能量是具備龐大吸引力的，那種力量不是靠花錢買宣傳可以獲致的。就好比我們後來投入組織行銷事業，也是因為正能量而凝聚了越來越多的人氣。

最早是無可奈何下才加入

　　歷史證明，許多時候，一件後來影響深遠的事，在一開頭可能只是不起眼的小事。就以我的人生來說，我後來會變成攝影師，投入這行十多年，只因當年我報考學校時，剩下影視科可以讀，根本沒得選擇。而我和嘉秀姐後來的生涯大轉型，一開始竟

然是緣由於一個不受歡迎的人物。

　　那天我們遇到一個不速之客，當我們公司準備打烊的時候，一個突然由南部過來拜訪的「老朋友」。那是一位自己號稱是導演的人，年紀已過五十，但一直沒做出什麼名堂來，然而嘉秀姐是個心腸很好的人，她對朋友向來都很好，包括這個導演，雖然以前有過誠信不良的紀錄，但是人家既然都大老遠從南部過來拜訪了，嘉秀姐也不好意思不招待他。

　　嘉秀姐在創立這家攝影公司前，也是歷經滄桑的，事實上，她背負的債務並不比我少，她過往做生意賠了五百多萬元。也因此，我們合夥開這家公司時，每個月都要花好多錢去還債。

　　而那些債務，以嘉秀姐來說，很大一部分的金錢狀況是來自於過往她曾參與的傳統事業，她曾經在兩家組織行銷公司做到最高的聘階。之所以會認識這位導演，也是與組織行銷公司有關，只不過不屬於那兩家經營成功的企業。

　　說起來還有點像是詐騙，大約是某旅遊俱樂部剛接觸臺灣，甚至還沒中文化介面的年代，這位導演就曾說服嘉秀姐加入這個平臺，但是當年這個導演錢拿走了卻沒有拿去繳入會費。總之，就是一次不誠信的事件。

　　然而那天晚上，這位導演像是自認為過往的事可以一筆勾銷般，竟然特地又遠道而來，想要說服嘉秀姐加入組織行銷，並且真的很誇張，他所說要加入的公司，正是當年他向嘉秀姐騙了錢卻沒去繳費的公司，也就是旅遊俱樂部。

這家旅遊俱樂部，曾經是全球頂尖的組織行銷公司，主力商品是休閒育樂產業，並且是成績做得非常好的業界典範。我和嘉秀姐後來也是藉由這個平臺扭轉我們的人生，創造出富裕的幸福生活。

但是在當初相遇時，我們卻只覺得這是個騷擾，因為那位導演竟然可以完全不管過往嘉秀姐已經付給他錢的事實，而再次要求嘉秀姐入會。這個人的磨功超強，竟然可以厚著臉皮，纏著嘉秀姐一定要她答應才肯走人。

當導演來的時候，都已經是晚上六、七點，我們要打烊的時間了，他在我們店裡纏著嘉秀姐講了足足四個鐘頭，而嘉秀姐心地非常的好，即便忙了一整天，她還是捨命陪君子，不但沒有趕他走，甚至到後來，嘉秀姐知道導演要連夜搭車趕回南部時，竟然還替他著想，擔心他沒車回去，眼看時間已經過了末班車時間，她覺得認命了，心想算了！就加入吧！不想再討論下去了。

當時我人在後面的房間整理東西，內心對那位導演非常反感，也不屑過去和他打招呼，只希望他趕快離開。然而我卻見到嘉秀姐帶著疲憊的眼神走進房間，然後準備打開抽屜取款，那是我們白天辛苦做的拍攝工作，當天剛收到的報酬，現在嘉秀姐居然要拿出來付給那位導演。

我當然竭力阻止說：「嘉秀姐，你怎麼了？你還真的要加入喔？」但此時嘉秀姐已經感到非常疲累，她就是不想再討論這件事了，就想說付給他吧！

玄 SIR 筆記

> 我們都曾經努力打拚，耗費了心力，度過了青春，結果沒能有什麼大成就。反倒真正的轉機來臨時，卻是在我們都沒人看好的情況下，就這麼出現了。

就這樣，我們加入旅遊俱樂部的過程，是來自於一種無奈的選擇。所以，這就是所謂的命運吧！

有人會問，什麼是機會？什麼是貴人？什麼是改變人生的那個關鍵時刻？其實，真正的機會出現時，表面上看起來不一定是機會。正如同貴人出現的時候，他的臉上也不會貼著「貴人」兩個字。所謂的貴人，不一定是有權有勢的人，反倒貴人在出場時，可能是有點卑微的、有點不起眼的，甚至有點行事莫名其妙的。

但生命就是如此，我們不該對任何人、事、物預設立場，也許某個罵你的長官、某個對你無禮的長輩，或者某個跟你競爭的敵人，其實正是你的貴人。

無論如何，我們很感恩當初那位纏著我們直到半夜的導演，也希望每位讀者時時刻刻抱著感恩的心去面對每一天，這樣子，你的貴人很快就會出現了。

當然，如同我前面強調過的，當機會來臨時，就要好好把

握。當晚我們只是加入會員（其實當晚只有嘉秀姐加入），但後來真正發現這是個機會時，我們就有把握住了，所以才有了後來創造奇蹟的故事。

🧳 就這樣，我們加入了

　　前面我們說過「時勢造英雄」，如果是本來就有英雄素質的人，只要找到了對的時勢，就會成為英雄，像嘉秀姐就是典型的例子。她原本就是組織行銷高手，過往曾經兩度在不同公司做到最高聘階，所以後來當她發現對的平臺就立刻掌握，然後一飛衝天。

　　但是有人會說，如果我們天生不是那個英雄呢？如果我們就是資質不夠，那該怎麼辦？不要擔心，嘉秀姐是天生的組織行銷英雄，但我不是啊！當年我甚至連上臺自我介紹都有問題，不過我後來也做起來了，成為公司的百萬美金鑽戒得主一員。

　　因此，我正好可以做為一種典型，你不一定要像嘉秀姐這樣，是擁有組織行銷天分的頂尖人才，但你絕對可以像我一樣，從一個組織行銷小白，做到一個事業成功的好手。

　　總之，那天嘉秀姐抱著疲累的心境，勉強加入了旅遊俱樂部，說實在的，我覺得是有點應付的性質，就是抱著花錢了事省麻煩的心態，所以後續我們當然也就沒有繼續去做任何追蹤，每天仍忙著攝影接案的事。

　　所以說，當機會來臨時，不一定人人都能把握得到，就連原本是組織行銷專業達人的嘉秀姐也是如此。人生有時候需要更多人來提點，就像後來我們成功經營旅遊俱樂部的時候，也會苦口婆心鼓勵許多原本自暴自棄的朋友，勇於挑戰正確的新人生。我們不會一開始嘗試就放棄一個人，但如果當一個人都已經被不斷提醒仍不懂得把握機會時，那就真的是自己想放棄機會了。

　　那時候我們加入旅遊俱樂部時，自己都還是負債的，嘉秀姐很善良，時常為了幫助別人，讓自己貼錢，乃至於她自己後來負債累累也信用破產，甚至不能使用信用卡。倒是我，雖然也有負債，但至少信用卡還可以使用，只是額度很有限就是了。

　　那時候，我們繼續忙著公司的事，然而就在兩個星期後，那位導演來電了，他是來催繳月費的。這時候嘉秀姐有點生氣了，她說：「不是已經給你捧場了嗎？怎麼現在還有什麼額外的費用要付？」

　　她當下不但不想付，還想說是否可以退出。導演說來不及了，因為已經兩週了，早就過了所謂消費者保護法的「鑑賞期」時效。

　　嘉秀姐很生氣，但是她氣歸氣，當初簽約已是事實，如果合約有規定要繳月費，那麼不繳就是違約，所以仍然得繳。導演說下個月有一場分享會，想邀請我們去聽，我們心想，既然都繳費了，也不要浪費這個錢，至少就去聽聽分享會，這是會員應有的權利。

> **玄 SIR 筆記**
>
> 我以自身的例子說明我和嘉秀姐也不過就是平凡人，一開始也是經過幾番波折才加入的。正因為如此，我們可以更貼近每位朋友的心，真的，成功的機會有時候就近在眼前，有時候好事多磨。當你做出選擇，認真從事，那麼，人生就可以改變。

就是抱著這種「錢都已經付了，不去白不去」的心態，我們就去參加分享會了。我永遠記得那個日子，那天是九月十四日，嘉秀姐發現這真的是個商機，同時我也在這天正式入會成為旅遊俱樂部的一員。

一個好的機會，一開始加入內心可能會有排斥感，所以當有人一聽到組織行銷時，問都不問就直接給朋友貼標籤，認為他墮落、他已迷失方向之類的，這些都無可厚非。

正式啟動旅遊俱樂部事業

當天分享會結束後，嘉秀姐已經看到前景了，但是我當時還沒有悟道，那天我甚至根本就不想去參加分享會，只不過我們只有一輛車，我不好意思讓嘉秀姐自己搭車去，所以就載她去會

場。到了會場後，嘉秀姐對我說：「既然人都已經到了，你就一起來吧！」

我實在沒興趣，但是比起做沒興趣的事，我更不想吵架，所以兩權相害取其輕，我想那就去聽聽捧個場吧！

由於一開始就抱著先入為主的態度，所以我根本也沒專心聽，但相對的，嘉秀姐卻很認真，她的想法是既然來了就不要浪費時間，把說明會好好聽完。因此在說明會結束後，我們兩人的反應完全不同。當我心想「終於結束，可以走了」，沒想到嘉秀姐的態度卻異常堅決，她眼睛閃著光芒，告訴我這項事業她確定要做了。

好吧！如果她堅持要做，我也不便潑她冷水，我就當個「支持者」吧！然而沒想到這樣也不行，嘉秀姐很堅持一件事，那就是我也必須加入會員。

但是加入旅遊俱樂部要繳錢啊！我們都已經負債了，我認為能省則省，可是嘉秀姐卻說她已經看到未來了，她知道這是個難能可貴的商機，她堅持要我加入，而且不僅只是加入，甚至緊接著有一場培訓，她也要我參加。

前面說過，嘉秀姐自己沒有信用卡，所以要加入就得刷我的信用卡，刷卡時我還在想，不知道刷不刷得過，因為說實話，我的刷卡金額已經在額度邊緣了。無論如何，就這樣，我加入了旅遊俱樂部。之後就是前往泰國培訓，那又是一大筆錢，畢竟機票及活動本身都必須額外付費。

　　然而我是怎麼對這項事業改觀的呢？

　　那次的泰國之行，當天有一段影片，讓我有種醍醐灌頂的感覺，那是一個市場分析報告，原來這世界上有百分之九十九以上的組織行銷公司，賣的都是競爭者眾的產品，好比說賣保健食品、清潔用品、電子產品……等，這些產品的市場有限，但是投入的廠商家數卻相當眾多。

　　相對來說，休閒娛樂這個市場有多大呢？光是 2007 年的市場調查，全球就有七兆美金那麼大，但世界百大組織行銷公司中，投入休閒娛樂事業的公司竟然就只有這一家，這個觀念讓我有些開竅了。

　　經過那次的培訓後讓我覺得，似乎可以試試。於是之後我就跟嘉秀姐全心投入旅遊俱樂部事業，我們也在很短的時間裡，逐步減少攝影業務，到最後把婚紗店面收起來。

　　我們倆合力經營旅遊俱樂部事業至今，雙雙都達到公司的高聘，也獲得公司頒發的百萬美金鑽戒認證。儘管後來因為 2020 年開始的新冠疫情風暴，重重打擊各國的旅遊市場，讓觀光產業成了觀光「慘」業，也讓以旅遊為主力的旅遊俱樂部發生危機，但是我和嘉秀姐在參與的歷程中，已經實現了財富自由以及種種人生夢想，人生徹底改觀。

　　而我們的實戰技巧，不論在哪個產業也都可以發揮重要的實效，相信任何人只要願意努力、積極學習，人生都可以得到突破，來到夢寐以求的新境界。

　　當然，這就是本書實務篇要分享的故事及實戰技巧。別擔心，只要有心，人人都可以做到，就讓我這個組織行銷小白來分享我的經歷以及實戰經驗，分享我是怎麼做到的。

　　接下來，就讓我們進入實戰作業。

組織行銷觀念篇

—— 玄 SIR 帶您一起穩紮穩打開創新人生

Action 0

你真的很想改變你的生活嗎？

　　走過了一段坎坷路，如同讀者前面看到的，我從學徒做起，之後成為小有名氣的攝影師。我也曾創業，並經歷從傳統底片到數位化的大轉型。後來我甚至開創出自己獨創的拍攝模式，還得過獎。

　　自問努力付出，不曾懈怠，但最終我的生活變得如何？依然是為錢奔波、勞心勞力，收入卻不成正比，過著感覺很悲情的人生。直到遇見我生命中的貴人，以及因緣際會投入了組織行銷產業，人生才有了從地獄到天堂般的躍升改變。

　　或許讀者要問，難道所有由貧轉富的關鍵解答，就是加入組織行銷嗎？當然不是，你也可以發明一項新產品，並且招募資金創業，或者找對投資標的，在股市或房市中大展鴻圖，玄 SIR 並不鼓吹這世上只有加入組織行銷才能致富。

　　然而不可否認的，在「資金有限、沒有後臺背景以及人脈資源」的前提下，身為平凡人的你我，從事組織行銷事業擁有可以讓人改變一生的極高可能性，並且這樣的事情已獲得驗證。

　　讀者也許會問，曾看過許多人從事這一行，最後卻黯然退場，甚至舉出誰誰誰囤貨太多，導致財務失敗，或者有人做組織行銷做到成為瘟神，每個人看到他都躲得遠遠的。

　　那麼玄 SIR 要說，如果要舉負面例子，哪一個行業沒有失敗者呢？為什麼我們不去追求積極成功的面向，一定要專找負面的案例，做為讓自己可以偷懶留在舒適圈的藉口呢？

　　找藉口很容易，頂多就是人生「原地不動」而已，但是人生不過短短幾十載，真的就要這樣蹉跎下去嗎？

　　我因為勇於突破，選擇去挑戰從前也是覺得害怕、顧慮的產業，現在終於可以過著曾經以為只有夢中才能擁抱的人生。我們賺到了源源不絕的被動收入，並且一年到頭，五湖四海任我們遨遊，用最優惠的價格享受最高檔的體驗。而平日的生活我們也很感恩，有能力對這社會做出回饋。像嘉秀姐，她大部分的日子都投入在公益慈善、愛心幫助孩童的志業上，這些都不是溢美炫耀，而是已經真實達到的現況。

　　有一件事，可能許多人在奮鬥打拚的過程中容易很忽略，那就是賺錢這件事不只是和自己的夢想實現有密切關聯，實際上，還有一件應該「越早做到越好」的人生要務，那就是讓父母放心，並且能經常陪伴父母，甚至榮耀父母。

　　玄 SIR 經常看到不同行業的朋友，為了工作、事業、賺錢忙得不可開交，可是卻忘了這世上唯一永遠不等我們的珍寶，那就是時間，不只是自己的青春，更包括陪伴父母的時間。特別是後者，如果說當我們剛步入社會時，父母的一生已走了大半，他們後頭還要多少時間可以讓我們蹉跎呢？因此玄 SIR 要特別強調，賺錢這件事不僅僅重要，而且重點是，**你成功的速度一定要快過父母老去的速度。**

　　父母用他們的一生成就你我，他們總是望子成龍、望女成鳳，希望自己的小孩過得比人家幸福，至於他們自己，即便可能等不到什麼回饋，卻也無怨無悔。

　　難道我們真的要等到有一天再也看不到父母了，再來悔恨悲傷嗎？或者一定要等到父母根本已經行住坐臥都有困難，才說想帶給他們什麼享受嗎？趁年輕立定志向，找到更有效率的賺錢方法，讓自己有能力幫助更多人，而首先要報恩的，就是自己的父母。先不談什麼美食、豪宅，其實父母最想要從子女那裡得到的非常簡單，人人都做得到，那就是「陪伴」。而最幸福的陪伴模式，無疑就是能夠陪著父母到處去旅行，他們打拚一輩子，也想去看看外面的世界。

　　相聚是溫馨的，回憶是甜蜜的，而且這一切都要趁早。在描述了玄 SIR 自身的奮鬥史，也讓讀者認識玄 SIR 是怎樣的個性及人格特質後，接著，我要將主力放在如何讓自己有能力助人以及回報父母這件事上。

　　要怎麼做到呢？既然上一段提到「你成功的速度一定要快過父母老去的速度」，那就攸關時間運用，也就必須回歸到當年改變我和嘉秀姐命運的組織行銷產業了。接下來我要繼續分享的內容非常重要，那就是如何幫你透過組織行銷賺錢的訣竅。

　　當然，學習是雙方面的事，我們投入組織行銷產業，不但成功做到頂尖，並且也將過程中重要的智慧，濃縮成讓讀者可以方便學習的竅門，重點在於你「有沒有心」想要學習。

　　只要有心，這裡也絕不藏私，我會將我們成功的祕密與您分享。您真的想改變你的人生嗎？以下，讓我們來學習傳直銷的實戰技巧。

　　這些內容都是我和嘉秀姐經常用來做為和團隊勉勵的實戰智慧，也不吝和所有讀者分享，若想知道更進階的致富方法，也歡迎加入我們的臉書粉絲團，或實際參與我們的各類活動。

　　在正式分享前，先讓各位讀者了解組織行銷的真實意義：

　　幫助別人實現夢想的同時，也可以讓自己夢想成真。

> 只要你幫助足夠多的人得到他們想要得到的，你就可以得到你想要的一切！
>
> ——吉格·金克拉（Zig Ziglar）

Action 1

投入組織行銷產業基礎思維：火車頭原理

　　在組織行銷產業中，你自己不折不扣的就是老闆，因為你不但開創出屬於自己的財富和遠大的事業，你也必須打造一個優質團隊，並且還要帶領團隊成員，建立團隊共識和團隊使命，達到財富和時間的自由。

　　當然，如同做任何事業，都是從零開始，在這裡你也必須經歷摸索學習，甚至不停的被拒絕、被潑冷水的階段，直到擁有穩健的組織。這幾年間，我們也看到許多人在跌跌撞撞中，有人黯然離場，有些人甚至還會心存怨懟。但是說到底，事業本身並沒有問題，有問題的是自己的觀念和態度。

　　我知道講太多大道理，對新人來說比較難立刻消化，因此，做為分享組織行銷實戰基礎第一章，就以最簡單的意象來讓讀者了解。

我們先來談談「火車頭原理」。簡單來説，我們每一個投入組織行銷產業的人，就像是一列開往繁榮美麗世界的列車，而你就是這列火車的火車頭，你是領航者。

火車是怎樣的概念呢？我們看到火車一路朝目的地奔進的路程中，一定會在不同的車站讓人上、下車，然而我們可曾看到司機因為看到有人下車就心生惶恐，質疑為什麼有人下車嗎？不會！因為有人上車就有人下車，這正是火車行進間的常態，實際上，這也是我們從事組織行銷事業的常態。

保持平常心

這個行業因為進入的門檻較低，不像傳統事業投資動輒幾十萬、幾百萬元，所以很多人稍被拒絕就想放棄，認為自己不適合、做不到，反正也沒投資什麼大錢，因此放棄離開的人相對很多，這種情況很正常，我們只要保持平常心就好。

經常見到有投入組織行銷事業的朋友，本身雖然仍在學習打拚中，就已經一步步朝向更高成績邁進，但卻只因為團隊中有人離開，或者不再認真經營，內心就起了波瀾，甚至開始自我懷疑。就好像火車在某個站停靠時，只因有人下車離開，火車就從此不再往前行駛般的荒謬。

經營組織行銷很基礎的一課是，任何行業都有人認真上進，也有人做不出成績，如同在民間企業上班，也同樣會有新人來和

舊人走，不需要為此而感傷，更不能因此而影響了自己繼續往前的意願。

努力，就會持續有人加入

　　火車一路往目標前進，沿途各站一定會繼續有人上車，也就是加入你的團隊。我們只要堅定目標，努力朝下一站前進，就好比朝一個一個聘階及事業目標前進，我們自然會吸引更多朋友上來這班列車，加入我們的團隊。

　　切記！過程中不要觀望，不要改變你打拚的腳步。千萬不能停下來，因為只要一停下來，就會有人陸續下車。

　　試想，若你看到一列火車老是走走停停，看起來不確定是否會朝目標前進，你還會願意上這班車嗎？身為領航者，你就是要目標明確，行動穩健。

　　所以，從今天起，做個堅強可靠、讓人信賴的領導者，一旦決心投入這個產業，只要全力以赴，你就是大家想要追隨加入的列車，你就是火車頭。

　　加油！列車長。加油！老闆。

Action 2

成功就在前方，不要放棄：煮開水原理

每位朋友都煮過開水吧？或者至少也都了解何謂沸騰，當我們煮開水時，一旦溫度到達 100°C，那一刻整個氣勢奔騰、美麗的冒泡，這時即使轉為小火，依然會維持 100°C。

然而，100°C 絕對不是一蹴可幾，也不是像登山那般，可以說我已經走到三分之一、我已經走完二分之一的概念。

沸騰，就是在未到達結果前，都可以說是沒有結果，不論是 50°C、80°C，甚至 90°C 都一樣，不到沸騰就是不可飲用。而只要有人在尚未沸騰前就把爐火關掉，那就是前功盡棄，等過一陣子還想回來再煮開水，那不是接續上一次的進度，而是必須從頭開始。

經營組織行銷事業，沒有人說是容易的，若有人告訴你，組織行銷很簡單，不用付出就可以賺到大錢，那肯定是個騙子。

至少要經營到像煮開水到 100°C 沸騰的境界，後續才有可能水
到渠成，屆時做任何事都能事半功倍，業績也會加倍拓展。

那時的感覺就好像當水已經沸騰後，此時就算把大火轉成
小火，水也會持續沸騰，對於正在打拚中的朋友，玄 SIR 要分
享兩個重點。

⚘ 下定決心，不要懈怠

經營任何事業，遇到挫折是難免的，組織行銷事業是百萬、
千萬甚至億萬格局的事業，過程絕對不輕鬆。

然而一旦成就了卻非常值得，如果因為一時之間還沒有亮
眼成績，就想著好累要休息一下，或是質疑這事業真的好嗎？於
是暫停努力，當這樣子「停一下」、「思考一下」，一直處在要
做不做的猶疑狀態，那就好比煮開水，才來到 60°C 你就關火，
甚至都已經到 90°C 了，你又心存觀望，把火關掉「想一下」。
如此走走停停，永遠都要再次從頭開始，那樣很難等到水沸騰的
一刻。

⚘ 達到境界，輕鬆生活

沒有什麼事是不需要付出就有收穫的，但的確有一種境界，
是只要花一點點時間指導，就可以讓事業繼續豐盛茁壯，那就是

「沸騰」的境界。

　　組織行銷不會讓人不勞而獲，但絕對可以讓人「有效率」的賺錢，也就是所謂「賺錢的速度比花錢速度快」的境界。

　　你嚮往這樣的境界嗎？請不要一直懊惱著，現在似乎還看不到成功的氣勢蒸騰，那是因為你可能尚在 70°C 的階段。請放心，只要你仍持續保持加熱狀態，溫度就會逐漸上升，等到開水沸騰之日，就是你擁有更高境界財富及時間自由之日。

Action 3
請務必心志堅定：放大鏡原理

　　只要一提到放大鏡，相信連小學生都會直接聯想到陽光點燃紙片的實驗。

　　放大鏡，就是一種聚焦的概念，當然，放大鏡聚焦的能量叫做陽光。而我們每個人，其實也都擁有無限的能量，當我們願意全心投入，可以產生的威力是相當驚人的，然而重點就是要聚焦。

　　讀者可能都曾聽到有朋友抱怨，加入某某直銷公司，然後根本都賺不到錢，那些都是騙人的。此時你可以反問他，他真的有「認真」投入嗎？

　　組織行銷是經營事業，是自己當老闆，更需要專注投入及大量的專業學習，想要有職業級的收入，當然就不能只是業餘的動力。

專心聚焦才能點燃紙片

事業成果都是累積出來的，都一定需要時間，就算是賺錢最有效率的行業，例如組織行銷，也絕對需要一段時間耕耘。就好比放大鏡，如果你拿著鏡柄，老是移來移去的，最後才怪說：「不是說可以點燃紙片嗎？怎麼我都無法點燃？」

這時候你不能怪罪太陽，也不能怪罪放大鏡，只能怪自己為何不能專心聚焦。

世上好的機會處處有，但你必須先專注一個

常見的情況是，一個人不是不努力，而是他太容易分心了，今天聽說房仲產業可以賺錢就去了解看看，明天聽說某個做保險的朋友月入幾十萬元，也去試試看。最後發現好像還是組織行銷產業比較好，然後又回來「做做看」，最終一直沒有做出成績，那是房仲業不好、是保險業不好，還是組織行銷不好呢？

還有一種人，平均每兩、三個月就換一家直銷公司，一下子說這家公司的產品多好，一下子又說那家公司的制度更好，我要說：「不會游泳的人，一直換泳池是沒有用的。」

這種人往往只會越換越窮、越換越傷人脈，最終淪為直銷蟑螂、跳蚤。

Action 4

請和團隊共同打拚：火爐原理

　　組織行銷是不折不扣與人合作的事業，你不能當個獨行俠，甚至包起來自己做，正確的方式是打造一個屬於你的團隊系統，你必須加入團隊，並和團隊緊密配合。

　　接著來談談火爐的概念。

　　大家在學生時代戶外活動，或是中秋佳節家人團聚時，你我都曾烤過肉，想想那炭火是怎樣燃燒的呢？當底下一堆紅通通的火紅木炭，把肉烤得滋滋作響，此時我們用夾子把一塊木炭夾出來，拋到遠方的空地，不久後那塊炭火會快速的「失溫」，時間久了，就變成用手也可以直接拿的炭塊。

　　但反過來說，把一塊原本乾冷的木炭，甚至可能還因下雨而被淋濕的木炭，再丟進熊熊烈火裡，沒過多久，這塊木炭就會和其他木炭一般，一起燒紅了。

這帶給我們兩個啟示：

放棄獨善其身

經營組織行銷事業，絕非做業務的概念，這點是許多人常常誤會的，千萬不要自以為是，以為自己擁有三寸不爛之舌，或是很有自身魅力，便和團隊離得遠遠的。任何遠離團隊的朋友，就好比那塊被丟在遠處空地的木炭，無法被加溫。這樣下來，心終究會冷掉，做著做著，一旦做不出成績，就很容易因此放棄。

眾志成城，一起為你加溫

團隊擁有資源，在一家有制度的公司底下，透過有系統、有組織的團隊，會擁有人力、物力，協助你成就事業。更重要的是，團隊那種大家共同打拚的氛圍，就好像一個火爐一樣，大家共同打拚，也都點燃了彼此的熱情。當團隊氣勢很旺時，你的富裕境界自然也就成功在望了。

Action 5

打造事業願景：挑水跟挖井原理

　　這是我們最喜歡舉的案例：挑水與挖井，因為這跟我們現實生活非常貼切。

　　任何行業沒有對與錯，只看符不符合需求。以人生來說，我們都需要安身立命的補給，打個比方，就好像我們都需要喝水。人們努力工作，就好比努力去取得活命的水，只是以取水的方式來看，大部分的工作就好比挑水。所謂挑水就是你挑多少是多少，有挑才有水，挑一公升的水，你就只有一公升水可以喝。

　　挑水本身沒有錯，但命運不會總是善待我們，總會有狀況，一旦出了狀況，挑水就會碰上以下這些危機：

水源危機

有人可能工作幾十年，最後卻因為薪資高、工作效率卻比不上年輕人，最終淪為被裁員的對象，如果當時年紀已大，面對茫茫未來情何以堪？

有時甚至也不是被裁員，而是老闆撐不下去了，好比 2020 年新冠肺炎疫情，就衝擊了許多企業。當這樣的情況發生時，不只要被趕離水源，根本是連水源都沒有了。

挑水者危機

就算水源沒有問題，水一直在那裡，但挑水的人，也就是我們自身卻會碰到一個不可避免的危機，那就是老與病，並且這和年紀不一定有關，有人年紀輕輕的，才中壯齡身體就出了狀況，不能挑水了，接下來的人生該如何是好？

因此，我鼓勵朋友們，除了每天辛苦的挑水，同時也要給自己和家人挖一口井。這口井一旦挖成了，那就可以長長久久，不但有水喝，而且再也不必挑水。

組織行銷就像是挖水井，我們不是打造「有做才有錢」的事業，而是要挖出一個長久的「財庫」。

挖井不是一朝一夕

　　很多人對組織行銷產業的抱怨，都是強調「沒看到成績」，但如同前面多次強調的，要付出才有收穫。以挖井為例，挖井是一件容易的事嗎？絕不容易，只是挖成後有豐盛的成果，前提是你要耐心有恆的挖出一口好井。

　　挖井不是一朝一夕，這需要信心，然而信心來自何處？自然是我們已經看到前人的成功案例。我們不鼓勵盲目的以為任何事業都可以結合挖井的概念，水井一定是要在有水源的地方，有沒有水源，周邊一定就有很多案例。

　　如果一家國際知名企業，讓你看到有很多人成功（請記住，是「真正」因為投入該事業而改變人生，並且案例很多，而不是找幾個人頭在舞臺上「扮演」出來的成功），那麼這就是水井。

　　當然世上沒有絕對的百年企業，就連像「柯尼卡」這樣世界頂尖的企業，還有許多看似不可能會倒的銀行，都可能因為趨勢判斷錯誤或財務槓桿疏失而倒閉，但只要是合法經營的企業，在其事業存續的過程中，一定可以讓認真打拚的人賺到相當的財富，因為一口好的水井，就會有豐足的水源滋養你的人生。

全職與兼職的選擇

做組織行銷可不可以兼職？當然可以。事實上，對於有迫切生計需求的人來說，我們也不鼓勵一下子就離職，以為全職投入組織行銷，就可以補救生計。

就好比挖井也需要一段時間，但是我們每天還是要喝水啊！所以仍建議每天繼續挑水，直到有一天井開始冒出水了，那麼挑水的工作就可以逐步放掉。

重點是意志要堅定，開頭可能會很辛苦，特別是既要做正職，又要開發組織行銷事業，選擇一個擁有好制度、好產品、有願景、有使命的公司，就會有很多資源協助個人成長。

只要持續的挖，終有夢想成功、泉水滾滾的一天。

行動要快

挑水與挖井可以併行，但玄 SIR 建議，不論何時拋下挑水這件繁重的工作，挖井這部分的事業卻是越早進行越好，原因很現實：你的體能一定一天比一天差。

時常看到有人知道歸知道，但心態上還是能拖就拖，反正太陽明天依然升起，日子照樣過，我們稱為舒適圈。然而，當有一天發現水源沒了，那時候再來緊張著要找井水，有井水嗎？之前沒準備，當然沒井水。

　　我也常看到有朋友初加入組織行銷就急著想要擁有收入，但這事是急不得的，可是他們往往是因為失業或者面臨經濟狀況，過往不挖井，現在才想要挖。當然從現在開始努力起還是挖得到井，但是就請稍安勿躁，一步一腳印挖下去吧！

Action 6

經營者心態：大樹原理

　　都說大樹底下好乘涼，但大樹是誰呢？在組織行銷事業中，我們要讓自己成為那棵大樹。

　　所謂大樹，就是可以讓人看得很安心，覺得在樹下絕對有保障，樹絕不會倒，因為底下有深厚的根系。相對來說，有很多花枝招展的植物，卻不堪風吹雨打，颱風來襲可能就被連根拔起，因為那些草本植物，根就只在表皮。

　　當然，大樹一開始也都經歷過根很淺的日子，好比我們蓋大樓，可能我們都曾看過，之前還是一塊圍起來很久的基地，怎麼過沒幾個月，就已經冒出一棟摩天大樓來了？

　　但其實那段「圍起來」的日子，也就是打地基的日子，可能已經花了很多時間，只是一般人比較沒去注意罷了。就好比大家一開始都是平凡人，但有些人默默扎根，把地基挖得夠深，等

到確認地基穩固後，那時候大樓就會蓋得很快，套用到組織行銷事業上，也就是組織很快就可以做得很興旺。

組織行銷事業，要成功一定要讓組織壯大，並且一開始就必須把基礎打穩。這裡的基礎包括從事這行該有的觀念態度，還有種種的基本功，像是認識公司產品、了解制度、基本的人際應對……等等。我們可以看見那些在組織行銷產業做得很成功的人，一定都是地基打得很穩的人，玄 SIR 所分享的這些觀念，也都屬於打基礎的範圍。

與其求快，不如求穩

提起穩健，我們可以看到有些人在從事組織行銷事業時，一開始看似忙碌活躍，今天約到人，明天又有新人加入，看起來意氣風發的樣子。但是往往如此風風火火的，表面上快速成長，後來也很容易快速消失，就好比一株豔麗的花朵，實則不堪一夜的風吹雨打。

玄 SIR 鼓勵剛加入組織行銷的新朋友，要花多一點工夫把根扎好，不要自己都還沒融入，就急著想要「開發業績」。玄SIR 也要再次強調，組織行銷是「人」的事業，絕非單純只是「做業務」的概念。因此千萬不要急急忙忙、隨隨便便到處找人，人找來了也沒有好好栽培，只會讓領導人更混亂，最終變成一盤散沙，統統都被風吹散，沒把地基打好的組織，可能很快就垮了。

要讓自己變大樹

曾經多次聽到這樣的言論：有人以為只要自己幸運的找到一隻「老鷹」，那麼後續事業就不愁吃穿了。

這種一開始就想投機取巧、只想靠別人為自己賺錢的心態，是很要不得的，將會影響自己的事業成長。要成為一個領導人，是要有責任感的。具體來說，人會聚在安穩的大樹底下，若你只想成為被遮蔭的人，大家就不會聚在你的底下。試想，老鷹也想要有強壯枝幹可以棲息，你必須是那棵大樹，才能讓老鷹靠近。

讓自己成為有擔當、能負責、可以遮蔭眾人的大樹吧！你要立大志，心念眾生，當自己可以照顧的人越多，就代表你可以擁有的財富越多。

Action 7

組織經營觀念：猴子採玉米原理

　　組織行銷事業非常重視團隊，玄 SIR 也確實發現，有許多本身實力很強的人，就是因為分不清組織經營與業務拓展的差別，而無法在這個領域成就事業。

　　關於組織，重點在於如何打造一個系統，而非只是不斷的開發「客戶」。

　　許多人以為自己加入組織後，就可以等組織幫我們運作，或者以為自己建立一個團隊後，就可以從此高枕無憂。其實從頭到尾，我們加入組織行銷產業，都必須具備一個基本的使命感，那就是要讓整個組織好，你才會有未來。

　　我們在傳統產業中，好比說保險公司、房地產仲介⋯⋯等等，都可能有單一英雄式的業務高手，他們自己是業績王，至於其他團隊績效的好壞，跟他們不一定有利害關係。但從事組織行

銷事業時，若是想要做到成功，就不能只是追求個人的成功，而是要靠「整個團隊」。

我常在演講場合中分享，從事這個事業，就好像「猴子採玉米」的觀念。猴子眼前有一大片玉米田，放眼望去到處都是豐盛的玉米。今天猴子想採玉米，牠會怎麼做？再怎樣，牠也只有一雙手，於是採一個、掉一個。

如同我們經營組織行銷事業，最忌諱的就是只顧一個人摘採，然後就會發現，當你採下第一根玉米，再採下第二根，但是要採第三根就沒手抓了，於是就會丟掉前面的玉米，然後再往後摘，手中永遠只有兩根玉米。

正確的做法應該要擁有一個籃子，甚至一個菜籃推車，如此就可以摘下很多玉米，充實倉儲。在組織行銷事業中，籃子就是「教育訓練」，只要教育好每一個組織成員，讓他們可以獨立運作，那就好比擁有一個個籃子，組織越大越穩固，就可以收穫更多更豐盛的玉米了。

照顧新人，而非只想賺他的錢

有些人很熱情，一直推薦新人進來，那樣子雖然很好，但是工作只有做一半。推薦來的人接著要如何照顧呢？這並不是業務銷售，以為成交就結案了，相反的，推薦之後才是真正的「開始」。你要如何讓他了解制度、了解產品？如何提升新人的專

業能力？如何為他打造夢想？如何帶領他一步一步走向富裕的明天？

　　這就是所謂的「**幫助別人實現夢想，也可以讓自己夢想成真**」。如果你還沒有很成功，表示你幫助的人還不夠多。

Action 8

經營組織行銷的心態：麵裡蒼蠅理論

　　一件事可以有多重面向，端看你站在什麼心態看事情，這將決定你未來的發展。玄 SIR 和新進人員分享時，最愛舉的另一個案例，就是關於一碗麵與蒼蠅的案例。

　　今天假定你去一家麵店用餐，點了一碗餛飩麵，剛準備動筷子時赫然發現，怎麼麵湯裡浮著一隻蒼蠅？此時你會怎麼做呢？個性激烈一點的人，可能會當場大聲抗議，把老闆叫過來痛罵一頓；一般人則會立刻拍照，甚至上傳臉書昭告天下，這家名店竟然麵裡頭有蒼蠅，以後大家不要來吃。

　　這是什麼心態？這就是典型的消費者心態，類似的心態也包括看熱鬧或旁觀被動者等等。

　　換一個身分，如果今天你是老闆，可能中午過後就拉下鐵門休息了，你要店員端一碗麵給你，忽然你發現碗裡有一隻蒼

蠅，接著你會上臉書「宣傳」自家麵裡有蒼蠅好噁心之類的嗎？當然不會，既然你是老闆，想要經營這家店，你就會很生氣的把店員集合起來鄭重告知，這種事絕不能再發生。

以上的道理大家都懂，但是在經營組織行銷時，邊做邊罵公司的直銷商非常多，明明當初進來是想賺錢「當老闆」，卻整天抱怨公司這邊不好、那邊要改進，甚至動不動就威脅要申訴或退出（但又一直賴著不走），一副怨天尤人、怪公司、怪上線的態勢，卻忘了自己的立場，這樣怎麼經營得好事業？

心態要改，才能成長

必須要說，許多人從小到大已經習慣那種批評的心態，特別是民主時代，媒體每天刊登的都是八卦，人們也養成了愛指指點點、動輒抱怨自己權益受損的習慣。

一旦我們加入組織行銷事業，也同時要鍛鍊自己擁有「老闆的心態」，有老闆的心態才會有老闆的格局，進而才會有老闆的收入。

想一想，一個人怎麼可能同時擁有兩種心態？一方面說要當老闆賺大錢，一方面卻又像看到麵裡有蒼蠅就大聲嚷嚷的消費者，一個人整天批評公司，對自己又有什麼好處呢？唯有讓自己早日擁有老闆心態，事業才能更早有成績。

學習學習再學習

進入組織行銷事業，很多事情都需要學習，例如產品制度、簡報技巧和公眾演說技巧……等等，但是在眾多學習中，觀念及態度學習才是最重要的。

記住！格局決定布局，布局決定結局。組織行銷事業，可以讓一個人不需要投入雄厚的資金，就能擁有當老闆的資格，但是這樣的資格必須靠自己珍惜，不能說靠著業餘心態就想賺職業的錢。如果只具備業餘的心態，那麼，賺到業餘的一點點收入，也只是剛好而已。

我們當上班族時，經年累月的付出，每個月只賺得幾萬元。如今，在組織行銷事業，你想追求數十萬甚至百萬元以上的月收入，相對來說，你得付出多少時間呢？這是所有想投入這行的朋友要深思熟慮的。

Action 9

歡迎用經營事業角度加入：農場理論

最後，玄 SIR 要和所有讀者朋友分享的是「農場理論」。組織行銷事業其實很像經營農場的概念，農場必須有組織，有一個好的營運體系，才能照養龐大的羊群。

試想，一個規模夠大的農場，可能有數百頭羊，這些羊如何得到溫飽？難道是靠農場主人割草一隻一隻餵食嗎？這是不可能做到的。但實務上，在組織行銷事業，卻有很多人不懂得如何經營事業，他們領導團隊就好像一隻羊一隻羊餵草的概念，非常沒有效率。

不能自己割草餵羊，因為領導者的時間有限。但農場裡的羊很多怎麼辦？如果他們吃不飽，個個瘦巴巴的都生不出小羊，農場就不會有產值。

正確做法當然是要營造一片豐盛的草地，讓羊自己去進食。

如此，領導人不會費很多工夫，羊群們也能個個吃飽飽。

在組織行銷裡，每個人的學問必須不斷精進，也唯有每一個人都不斷成長，才能帶動整體業績的成長。而身為領導者，有人怕夥伴不願意花錢，於是就自己努力去上課，然後再回過頭來教導團隊夥伴。然而，第一，時間有限，你上課及教課都需要時間；第二，複製有困難，畢竟人的記憶力有限，詮釋及吸收的方式也不同，你上了一堂很棒的課，可是你傳達給團隊的卻只傳達了 15％的內容，那樣就很沒效率了。

如果組織本身就有很好的教育體系，最佳方式就是協助團隊透過一個好的系統經常性的上課，這樣就能皆大歡喜。

選擇具備好系統的團隊

要把羊群帶去哪裡吃草呢？在組織行銷裡，就是要帶往好的培訓制度，這就等同是一個優質的草原。

如何創造草原呢？公司本身一定有好的培訓制度，這點不論是任何一家有規模的組織行銷事業都一樣，這樣的公司一定會有不錯的場地，讓團隊成員可以運用。身為組織的領導人，你要好好教育從自己發展出來的每一代，亦即照顧好自己的第二代，關心好自己的第三代，第四代就可以給他們鼓勵拍拍手，第五代可以對他們揮揮手，你的每一代也都能傳承你的教導，這樣就是好的系統。

雖然各個組織行銷的產品及制度細節不同，但毫無例外的，好的企業都會提供各種規模的「草原」：

▌小草原

各地區域性的團隊課程。

▌中草原

大團隊系統教育的培訓課程。

▌大草原

由總公司主辦，通常大型組織行銷集團都是國際組織，也一樣有跨國際的培訓，會有格局很高的資深領導人，把自己成功的經驗無私的教會大家。例如當年我就是去泰國參加國際培訓，當場受到感動，才開始積極投入組織行銷。

除了以上的草原外，以組織行銷來說，很重要的一個觀念就是「系統」。我們可以看到，各個國際級的組織行銷體系，都有好產品、好制度以及好名聲，但實務上，我們依然可以看到，相同的公司還是有很多人經營失敗。

玄SIR要強調一點，就算是在一個很優質的公司，依然還是要選擇好的系統，也就是加入好的團隊。畢竟以一家組織行銷公司來說，可能會員有好幾萬人，他們當然都分屬不同的團隊，

每個團隊有自己的團隊文化，以及自己的教育培訓系統。如果沒能加入好的團隊、參與好的系統，可能就會影響到日後的成長。

　　請讀者們在選擇一口好的井、也就是一家完善優良制度完善的公司之後，找到一個可以幫助自己成長的團隊，這樣才能穩固長久。

Action 10

組織行銷人的心聲：如何幫助更多的人

本書所分享的組織行銷基本觀念，都是來自玄 SIR 的多年實戰，做為感恩回饋，我們的具體做法就是幫助更多人成功，幫助他們實現夢想。

夢想真的很重要，可以這麼説，現在世界百大企業，或是臺灣百大企業，沒有一個創業家當初不是基於夢想而成就事業的，如果單單只是想讓自己「變有錢」，那是小我的夢想，光靠這樣的夢想是不夠的。

什麼是夢想？比爾蓋茲在他十八歲的時候就明確宣布：「我要讓全世界所有的電腦都用我開發的軟體！」

蘋果創辦人賈伯斯也是先擁有夢想，一個超越人們想像的藍圖，才能帶領企業創造出過往人類完全想像不到的科技新境。

有人夢想飛翔，所以發明了飛機；有人夢想照顧窮人，所

以打造出跨國慈善機構。在組織行銷產業中，所有成就一番事業版圖的公司，也一定是基於夢想，那些夢想絕對是利他的，例如幫助人們更健康、幫助人們享受好的生活……等等。

當初玄 SIR 也是受到這樣的夢想感召，踏入他們的組織行銷事業，當時的夢想就是要幫助大家獲得快樂、自由和成就感，一旦內心裡圓夢的精神被啟發，那麼一生都受益無窮。這些年來，玄 SIR 透過「專注」與「認真」的精神，完成了許多不可能的任務，最終品嚐了成功的果實。

成功之後，他們時時刻刻都在思考如何幫助更多人跟他們一樣成功。這幾年來，相信逆境是大於順境的，前面我們所分享的，正就是經歷過真正實戰所累積的寶貴智慧。

本篇最終，玄 SIR 鼓勵所有有志的青年，選擇一個擁有真正夢想、而不是一心只顧私人利益的優良團隊加入，在健全的組織系統底下，你將擁有很好的教育系統，然後提升組織夥伴的專業能力，讓夥伴完全信任公司、團隊，傳遞組織文化，建立團隊共識。

最後，玄 SIR 分享本篇結論：

武力能劈裂一塊盾牌，唯有愛才可以打開人們的心房。人生短暫，將如飛而逝，唯有以愛成就的事業，將恆久長存。

玄 SIR 和您聊攝影

▌關於攝影達人玄 SIR

- 玄學苑苑長
- 老鷹系統創辦人
- 樂在生活網創辦人
- 旅遊俱樂部年度百萬美金鑽戒得主
- 中華國際愛天使慈善協會常務理事
- 2018 年第十四屆中國企業教育百強講師

▌攝影經歷

- 人像攝影 20 年資歷
- 拍攝超過 1000 對新人
- 榮獲第二屆國際婚禮紀錄攝錄影大賽銅賞獎
- 自創一百八十度拍攝術
- 丙級攝影技術士

Present2 —— HaveFun

旅行及攝影技巧篇

——玄 SIR 教你如何留下旅遊珍貴典藏

Fun 0

人生中美好的一切

　　關於人生，關於這世界，有一件絕對不變的事，那就是萬事萬物都會變。

　　時光帶走了曾有的美好時光，也帶走了青春貌美與當時的笑顏。時光帶走了人生每個階段的親密關係，為你換了一輪又一輪不同的朋友。

　　時光不只改變你的樣貌，改變你的人際關係，更改變你的思維。時光一次又一次的重塑一個全新的你，但過往的種種已一去不回。

　　我們不能改變時光，不可能和大自然的定律相抗衡。既然什麼都會變，最後消逝在遺忘裡，那麼存在的意義是什麼呢？有人說，我們活著就是為了要珍惜每一個當下，有人說曾經擁有就沒有遺憾。但難道每個當下註定要逝去，所有的擁有都船過水無痕嗎？

　　這裡，玄 SIR 要和你分享兩個攸關生命品質的祕密：

第一，美好的時光，不只屬於快樂的當下，也可以在未來長久的日子中存續，並散發出不同的意義，關鍵在於掌握攝影的訣竅。

第二，美好的時光，也需要一定的事先準備，以及懂得如何善用當下的人、事、時、地、物。旅行人人都做得到，但走馬看花累得半死的旅行，不算美好的時光，關鍵在於掌握旅遊的訣竅。

本篇玄 SIR 要以親身經驗和讀者們分享這些訣竅。不需要深奧的知識，也不一定要攜帶昂貴的器材，甚至若結合好的制度，也不用花大筆的鈔票，就可以既享受遨遊四海的樂趣，又能留下一張張珍貴的典藏。你將發現，只需多用一點心，就能擁抱真正的美好時光。

Fun 1

你，為什麼需要學會攝影？

　　學攝影，當然可以當成一門職業，這世上有許多靠攝影致富的專業人士，他們一邊環遊世界拍照，一邊還可以高價將照片賣出。然而，這樣的攝影菁英畢竟是極少數，況且真的若把攝影當成職業，旅行就變成是一種工作，可能就沒那麼有趣了。

　　這裡玄 SIR 要分享的，人人都可以做得到，不需要記誦許多專業術語，也不需要採購幾十萬元的設備，這是平民級的攝影，卻也依然可以留下美麗且令人豔羨不已的生活紀錄。

　　首先，當然還是要「有心」，這樣才能讓攝影變成一種樂趣，並且培養用相機寫日記的習慣。如果讀者們還在猶豫是否該學習如何攝影，還是就像平常一般，可以自拍表示「到此一遊」就好？玄 SIR 就來和你分享，學會攝影對你的生活有什麼好處，並且若是你和伴侶兩人都會攝影，生活將會如何改變？

　　仔細想想，如果你的另一半也會攝影：

1.　再也不用擔心自己不是模特兒的料了，你是永遠的美拍女（男）主角。

2. 你們會更加融入一個地方的景色風光以及人文之美。

3. 你經常會被當成焦點人物，不用擔心另一半的心飄走。

4. 有藉口可以到處去旅行。

5. 生活不再一成不變，因為每件事都可以化成美拍。

6. 你們可以用相片寫出美好的日記，珍藏一輩子。

7. 長期訓練腦力，時時想著怎樣呈現不一樣的角度。

8. 會更關心各種生活情報，想著去哪可以拍照留下印記。

9. 你絕對會擁有生命中不一樣的節日，生日都變成節慶。

10. 懂攝影的人也更懂珍惜，他會更珍惜你。

11. 你會更健康，因為時常要保持笑容。

12. 你會養成追求更美好的習慣，人生也會變得更有自信。

13. 學攝影的孩子不會變壞，你的另一半會有良好品德。

14. 你越來越會講話，因為攝影讓你們的生活更充實豐富、學習更多。

15. 你發現你們都越來越細心，看事情見樹又見林。

16. 你可能以後應徵企畫創意工作都夠格，因為你的點子會變多。

17. 以前沒特別想去的地方，現在都有了想去的動力。

18. 你的心境會很健康，因為世界到處都很美，沒什麼好想不開的。

19. 你的朋友會越來越多，因為自己的臉書常常更新，也會吸引很多好友。

20. 在自媒體時代，你更加容易被看見，事業可以拓展。

21. 大家覺得你更有魅力，談吐及見識更吸引人。

22. 看電視、電影時你會發現以前沒有注意到的視覺觀點。

23. 跟伴侶有更多可以交流的話題，關係也變得更加和樂。

24. 透過照片會勾起另一半對你更加珍惜，吵架時看到照片會立刻和好。

25. 攝影讓你進入美麗新世界，而且身心都美麗，這是人生的最高境。

……

是的，就是有以上那麼多的好處。

並且玄 SIR 要再次強調，這件事一點都不麻煩。如果你是要成為以攝影為業的專業攝影師，的確至少需要努力個三年五載，但是我們現在談的，是你單靠隨身的智慧型手機就可以輕易做到的效果，只需要記住攝影的基本竅門，包括：

1. **攝影建構**：五個 SOP。

2. **攝影心法**：攝影六到。

3. **攝影構圖**：二分構圖、三分構圖、切線法、黃金分割。

4. **攝影加分**：搭配在地服飾、抓住時機。

5. **善用手機本身的功能**：光圈、聚焦、廣角鏡。

　　相信昨天每一個人都還是攝影素人，明天就可以在臉書上貼出令人驚豔的吸睛照片了。

　　有句話說：「這世上沒有醜女人，只有懶女人。」

　　這裡也要說：「這世上沒有不好的風景，透過攝影巧手，張張都會是經典。」

　　接下來就讓我們一起來創造經典吧！

Fun 2

為什麼要拍照留下紀念

> 你拍的前一萬張照片都是爛的。
>
> ——亨利・卡蒂埃・布列松

　　我們活著的每一天，都需要和這個世界需索著什麼，少部分是為了生存的基本需求，對現代都會人來說，每天大部分都是為了滿足更多欲望的需求。

　　而這諸多需求中，來自於金錢可以交換滿足的占大宗，花錢吃美食、買華服、買金飾珠寶以及投資置產……，但是這世上也有很多事物是無法靠金錢取得的，或者不需要金錢就可以取得，像是陽光、空氣、花和水。

　　然而，就算不用花錢就可以取得，也不代表就是最廉價。相反的，世界上有許多免費的東西反倒是最昂貴的，甚至是無價的，例如逝去的愛情、永不復返的青澀歲月，以及每一天每一個時刻的歡笑剎那……，這些過了就是過了，再也追不回那一刻同樣的幸福。

　　所以有句話說：「這世上唯一不變的就是『變』，因為萬事萬物都永遠會改變。」但是時間抓不住，單純的歲月抓不住，可是還是有件可以抓住的寶物，那就是照片。

　　我熱愛攝影，因為即便影中人年華老去，曾經的愛侶可能後來形同陌路，但至少相片捕捉到那曾有過最美的剎那。攝影，就是一個抓住「變」的技術。

　　所以為什麼要留下美好的相片？因為當時間過去，只剩下記憶，就連記憶也可能失真，並且隨著一個人的老朽凋零，記憶也將消逝，唯有照片能夠永存。就讓我們一起來熱愛攝影，也一起保存每個美麗的剎那吧！

　　既然攝影就是留住那美好的記憶，提供將來做為回憶，或者為時代作見證，那麼，要拍照何不好好的拍呢？

　　我每次拍照時，總是希望照片主人翁能夠美美的。有人說，那樣不是很假嗎？但難道呈現蓬頭垢面就是「真」嗎？為何人們拍畢業照、拍婚紗照要特別打扮，營造最美的印象呢？

　　既然失去的不再回來，留住印象，自然要選擇最美的印象。拍照時，除非是婚紗攝影或拍電影，否則一般倒是不需要化妝師同行，然而基本的打扮還是有需要的。

　　其實拍照就是另一種說故事的方式，將來某個時刻的你，可能正拿著照片對著孫子說故事，既然是故事，大家都希望男、女主角美美的，這樣子「觀眾」才有興趣啊！

　　通常只要一些簡單的化妝，即可看出其效果差距之大，有

時候甚至會讓人誤以為是兩個不同的人（如圖）。對女生來説特別是如此，畢竟女性就是上帝帶給這世界最美的象徵。但就算是男生，基本的打理也是必要的，最起碼不要蓬頭垢面的，同時也要保持衣服穿著整齊。

　　雖然這世上有一種神奇的工具叫「修片軟體」，但是也要本體夠美，才能修出「好還要更好」的效果。如果一開始就是黃臉婆造型，那麼就算再怎麼修片也只是修成「升級的黃臉婆」，同樣沒有魅力。因此，在拿起相機拍照捕捉美麗的畫面前，先讓自己可以美麗入鏡吧！

化妝後　　　　　　化妝前

Fun 3

攝影的基本五到

　　如果我們拍照只是為了告訴大家「我曾來過這裡」，純炫耀或純粹放在自家相簿自家欣賞，那麼，如何拍照是每個人的自由，可能就算拍了幾千張照片，看起來都沒有溫度。多年後翻閱這些照片時，根本就看不出是在哪裡拍的，加上沒有做註記，於是邊看邊納悶，這是在哪裡拍的？在歐洲還是在臺灣？當時在幹嘛？怎麼完全想不起來？

　　拍照就是要留下美好的紀錄，但是如果連當事人自己都記不起來，那樣就失去「用照片寫日記」的意義了。

　　美好的照片，既要多年後自己翻閱仍能笑意滿盈，回想起當時的甜美，也希望在拍照的當下可以發揮影響力，好的照片讓人看了想身歷其境，不知不覺讓自己變成景點代言人。若你的照片可以展現這樣的魅力，那就達到基本的美照標準了。

　　想要拍出美美的照片，重點就是要有故事性。所謂的故事，就是當欣賞者一看，就可以融入情境。如何做到呢？每張照片都要抓住五個 SOP，也就是「**攝影五到**」：

1. **何人**：有哪些人？
2. **何事**：發生了什麼事情？
3. **何時**：什麼時候發生？
4. **何地**：在什麼地方？
5. **何物**：有哪些東西或事情的重點？

　　以此標準來看，任何那種站在風景區入口比「YA」的制式照片，基本上就沒有什麼故事性可言。因為這樣的照片雖然有人、有地，但是少了事與物，也經常看不出時間。至於有些照片明明是在歐洲美麗的海邊拍的，拍出來卻讓人分不出這是哪裡，感覺可能只是在臺灣普通海邊拍的，這樣的照片就很可惜了。

　　這裡我們可以先來練習一下，如何設定故事。以最簡單的情境來說，假定我們今天是應屆畢業生，想要拍出校園離情依依的感覺，照片就可以選擇你在校時最懷念的地點，夕陽斜照進來的教室、朝陽下活力旺盛的籃球場，或者是曾經上臺領獎的司令臺。接下來我們來設定人、事、時、地、物這「攝影五到」：

- 人→自己是主角，但也找了最要好的同學，並且我們都穿著校服。
- 事→畢業在即，懷念青春歲月。
- 時→看得到光影，看到是夕陽時分，正好也呼應了畢業的情境。

- 地→校園生活主場地，我的教室。
- 物→手上拿著學校課本或是畢業帽，看到物就能想起故事主題。

也許有人要說，日常生活中不一定會有故事啊！其實會想要拍照，多半表示出現了有別於日常的特殊經驗，例如出國旅行，這本身就是一個故事，故事的主題就是你這位主人翁，去到異國感受到不同的風情，所以想要透過照片做記錄。

因此，拍照的重點就是要抓住這個故事，不論你人在杜拜、印尼或是太平洋的小島，你的照片都要能凸顯這個故事，包含服裝、背景及特色景點，也包含你臉上的表情，以及身上所佩戴的在地配件。最好可以結合陽光，因為陽光最能代表時間，當時是早晨、中午、下午、黃昏還是夜晚，都可以從照片看出來。

可以試著翻閱過往拍攝的照片，看看有沒有這些元素，例如是否一看到照片就可以聯想起拍照那天的感覺，如果可以，那就是成功的照片了。

（拍攝地點：杜拜帆船酒店）

Fun 4

一張照片的主色

　　每個故事都會有一個主軸，一個讓觀眾聚焦的主線，而不會雜七雜八大雜燴式的，一下子表達這個，一下子表達那個。而照片身為說故事的主角，最佳的呈現方式，自然也是選擇一個主色調。

　　以左頁這張照片為例，其主色很明顯就是綠色，因為在整張照片中，綠色占了超過三分之二以上。實務上，一張照片只要某個色調超過一半，或者是調性比例最高的，那就會是主色，有主色的構圖，往往就會有一個聚焦的故事性。而每種顏色又會讓人聯想到一種情境。

　　各位想想，生活中是否曾見過因為主色強烈，帶給你更豐富的情感刺激呢？諸如一片藍藍的大海，或是放眼無邊無際的廣袤綠地，還有紫色花海、黃色花海⋯⋯等等。

　　不同的顏色，對每個人來說可能有不同的意涵，但是在心理學領域，色彩心理學是一門影響深遠的學問。以下便簡單彙整「色彩心理學」文獻資料中的色彩定義：

▌黑色

黑色跟權威、高雅有關，也跟冷漠、防禦有關，一張照片的主色調若呈現黑色，可能會展現出一種冷調、肅穆的感覺。另外，若是結合科技現代感，黑色也是一種專業、一種品味。

當然，這裡指的不是黑白照片的黑，而是刻意選擇以黑色做為照片中的主色調，例如拍攝喪禮，或者黑夜中暗影密布的城市。

▌灰色

任何顏色都可能有兩極的應用，灰色可以展現一種沉穩的感覺，例如穿鐵灰色套裝的男人，就會產生穩重的氣息；然而灰色也可以代表黯淡、失落，例如刻意拍攝城鎮中灰敗的角落，此時呈現的主題則是遺忘、傾頹、荒廢……等等。

▌白色

白色往往象徵著純潔、神聖、善良、信任與開放，當一張照片充滿白色，就會給人眼睛為之一亮的感覺，例如希臘海岸的白色聚落，漫步其中，就會有種休閒夢幻的感覺。

▌藍色

藍色是靈性與知性兼具的色彩，在色彩心理學的測試中發現，幾乎沒有人會對藍色產生反感。

明亮的天空藍，象徵著希望、理想、獨立；暗沉的深藍，意味著誠實、信賴與權威；正藍和寶藍，代表在熱情中帶著堅定與智慧；至於淡藍、粉藍，可以讓自己也讓對方完全放鬆。在照片中，例如去海邊度假，展現出藍藍的天、碧藍的海，會令觀眾看了心情也跟著海闊天空起來。

褐色系

包含褐色、棕色及咖啡色系，其顏色典雅中蘊含安定、沉靜、平和、親切等意象，給人情緒穩定、容易相處的感覺。但是如果沒有搭配得宜，也有可能會讓人感到沉悶、單調、老氣和缺乏活力。

紅色

紅色象徵熱情、性感、權威、自信，是個能量充沛的色彩，這是大家共通的感覺。例如當看到一張鬥牛場裡鬥牛士展開紅布的照片時，整個人都會跟著沸騰起來。

當然紅色有時也會讓人有負面聯想，包括血腥、暴力、嫉妒……等等。一般照片比較少用紅色主調，除了有些例外情況，例如紅色花海等等。

164 Present2 ———— HaveFun 旅行及攝影技巧篇

▍粉紅色

　　粉紅象徵溫柔、甜美、浪漫、夢幻、沒有壓力，可以軟化攻擊、安撫浮躁，所以一張很粉紅感的照片，一定會讓人覺得非常可愛。這類主色調的確也比較會出現在好比說遊樂園、童話世界或少女風甜品店等場合。

▍橙色

　　橙色帶有母愛或大姐姐的熱心特質，給人親切、坦率、開朗、健康的感覺。在旅行中較難碰到都是橙色的場景，常被聯想到的是橘子園，例如廣告裡一顆顆黃橙橙的柑橘或柳橙，總是在陽光下閃耀。

▍黃色

　　黃色是明度極高的顏色，豔黃色象徵信心、聰明、希望；淡黃色顯得天真、浪漫、嬌嫩。黃色適合用在任何快樂的場合，例如生日會、同學會，或是陽光下的歡樂派對。

▍綠色

　　綠色給人無限的安全感受，綠色象徵自由和平、新鮮舒適；黃綠色給人清新、有活力、快樂的感受；而明度較低的草綠、墨綠、橄欖綠等，給人沉穩、知性的印象。以第 160 頁這張照片來說，綠色的確讓人的心飄向戶外，感受到影中人的清新活力。

▎紫色

紫色是優雅、浪漫，並且具有哲學家氣質的顏色。紫色的光波最短，在自然界中較少見到，所以被引申為象徵高貴的色彩。淡紫色的浪漫，不同於粉紅小女孩式的，而是像隔著一層薄紗，帶有高貴、神祕、高不可攀的感覺；而深紫色、豔紫色則是魅力十足、有點狂野又難以探測的華麗浪漫。

以上色彩學的介紹，引用自一般色彩心理學論述，在拍照的應用上，畢竟照片不會說話，如果我們想讓一張照片表達「攝影五到」，例如想呈現很歡樂的感覺，若想單靠影像呈現的話，就將影像融入紅色的節慶感，或黃色的開朗亮麗感，有了顏色加持，照片自然更加活靈活現。

色彩如何呈現在照片中，當然需要刻意去取景及設計，這裡不是指後製，而是在拍照現場尋找。例如在杜拜海邊，原本都是以藍色和白色為主，但第 160 頁這張照片來說，刻意選在沙灘旁的綠洲拍攝，營造出一片綠意盎然的感覺，但是背景卻又有極深的藍，並且也明顯的看得到海。如此，就可以知道影中人是在海邊，但又如此的悠遊親近大自然，展現出主人翁心境上的和平自由。

另外，如前所述，一張照片只要某個顏色所占的調性比最高，就可以用該顏色說故事。

　　如下圖，一看就是藍色主調的故事主軸。

　　這張照片除了顯眼的藍色調外，是不是覺得他們的服裝造型別具一格呢？接下來，玄 SIR 就來和大家談談服裝。

（拍攝地點：臺中旺偉休閒航空俱樂部）

Fun 5

拍照就要融入在地

一般觀光客到此一遊的照片

一樣的景點，精心打扮的照片

（拍攝地點：泰國神仙半島）

　　對大部分的人來說，旅行是一件難得的事，特別是國外旅行。加上世界那麼大，只有極少數的人有用不盡的時間和金錢，可以真正的環遊世界，因此，可能每去到一個海外景點，都很可能是這輩子唯一一次的造訪，這麼珍稀難得的事，怎麼可以不好好把握呢？

　　以前頁下面的照片來說，一看就是很有在地風味，地點是在泰國，女主角身上的衣服，也就是泰國風。

　　這套衣服是怎麼來的？答案是向當地業者出租的。事實上，在很多風景區都會提供這類的服務，然而大多數的遊客都選擇不去浪費這個錢。但實務上如前面所說，這可能是你一生難得的唯一一次機會，既然都已經花錢出國旅行了，何不做得更到位一些，就讓自己更融入當地情境吧！而且說實在的，租這件衣服並不會花多少錢，卻是一個難得的體驗與回憶。

　　經常看到一般人出國拍照時，就是穿得和平常一般，一群人排排站，然後拍出那種全世界最常見的「到此一遊」照，這類的照片老實說，除了自己和家人外，其他人並沒有興趣欣賞。

　　如果是平常的景點也就算了，但假設是像是杜拜帆船酒店這類的地方，那個飯店住一晚就約當臺灣一般上班族一、兩個月的薪水，既然都來到了這樣的地方拍照，當然要想方設法讓自己看起來就像個模特兒，而不是隨興的穿個短褲、拖鞋入鏡。

　　玄 SIR 常常講，一張照片就是一個故事，站在什麼樣的場景，就要讓主人翁更入戲一些。因為今天你享受的一切，吃好吃

的、睡頂級的床、洗泡泡浴、感受飯店五星級的招待，那些都是當下的感覺，當下很爽是很爽，但是明天這些就成為過去，只有照片會為你留下這一刻的美好。

為了把握這樣的美好，最好就是讓自己融入情境當中。以第 167 頁下面那張照片來說，那是泰國神仙半島，附近剛好有當地服飾出租的服務，這下子剛好可以省下一筆置裝的費用。

是的，為了拍照所需，我們是有可能在當地買衣服的，畢竟衣服本身也是一種紀念，而現在竟然有現成的衣服提供出租，那實在太好了，我們當時是連一秒鐘都沒有考慮，就直接答應了。

事實上，若是再考慮個幾分鐘，後續也不用考慮了，因為攤位的衣服有限，只要一團的人前來，一轉眼就都被租光了。當然，你也可以耐著性子在那邊等人家選衣、脫衣、穿衣，然後排隊輪到你，但是旅行就是出來玩的，花太多時間在這樣的等待上，一點也不值得。

總之，下次遇到可以租借當地衣服的機會時，我們保證要快、狠、準，當下決定，不要再去斤斤計較，心裡想著這又要花多少錢了。畢竟回憶是無價的，更何況這不只是紀念，也是一種當地生活的融入。

紀念品採購的概念

　　談起融入在地風情，玄 SIR 在這裡要分享買紀念品的概念。

　　一般人難得出國，通常都會買一些紀念品帶回家。那些紀念品，有些可能會用當地文字寫著地名，讓你有到此一遊的感覺，其實大部分都只是騙騙觀光客的廉價品。況且等到回國後，說不定就把紀念品放在某個櫥櫃裡，成為雜亂無章擺設的一部分，搞不好這一生都不會再去碰觸它們了，這樣的紀念品有意義嗎？如果換個方式擁有紀念品，絕對會更有旅行的價值。

　　我們經常可以看到一個場景，當遊覽車在某個觀光景點停下來後，一群人就趕著跑到當地的地標前面，排隊等著拍照。畫面也都千篇一律，穿著臺灣帶去的衣服，擺著僵硬的姿勢，甚至還遮住了後面的地標。這樣的照片除了向親友炫耀自己曾來過這裡外，沒有其他的價值。

　　但玄 SIR 的照片不只記錄了美好的旅程，往往每張照片個別展開，也都是令人讚賞的藝術品。

　　玄 SIR 主張，要拍照就要好好拍，把主角當成真正的模特兒。試想，你會讓模特兒穿著跟風景不搭的衣服，然後舉起手比「YA」拍照嗎？當然不會，以背景為希臘來說，藍藍的大海，以及古典的宮殿，最好的服裝搭配，就是「希臘風」的長裙。

　　關於衣服，有兩種準備方式，一種是出發前就事先做好功

課，知道會去到哪些景點，可能會穿著哪一類型的衣服，可以準
備好放進行李箱帶去拍照用。

　　另一種方式，也是玄 SIR 在此推薦的，就是去到當地添購
富有當地風情的衣服及配件。想要讓女主角展現在希臘的美麗
嗎？當然就要打扮成希臘女神，而最能找出這種感覺的衣服，絕
對也是在當地才買得到，包括衣服、配件等，甚至還可以買個酒
壺呢！

　　要知道，這些買來的東西，本身就是紀念品，比起那些賣
給觀光客的廉價制式紀念品還別具意義，而且這些都是真正你使
用過的，有著更真實的回憶，紀念價值非凡。

把握機會，錯過不在

說起衣服，我們再來看看以下這張在成都拍的照片，是不是很美、很特別呢？

（拍攝地點：成都影樓）

　　這正是典型的紅色主色照片，但是這裡重點在於影中人能穿上傳統國劇的戲服，是不是很珍貴難得呢？這樣的機會就算在中國也很少見，事實上，我們聽說全世界只有在成都有提供這樣的戲服租借，以及拍國劇藝術照的服務。

　　雖然玄 SIR 在前面一直強調，到各地景點要把握時機，嘗試當地服裝及飾品，可以融入在地文化，可是在成都這裡，玄 SIR 自己反倒沒有拍到紀念照，直到回國後才懊悔不已。倒也不是租衣服時捨不得花錢，而是內心有錯誤的 OS，心裡一直糾結著：「男生穿戲服還得化妝，這樣是不是很『丟臉』？」

　　總之，一念之差我遲疑了，後來沒拍，當我看完女主角拍完後自己又想拍，但是深怕耽誤太多時間，只得作罷。

　　拍這樣的一組國劇藝術照，連同穿衣、化妝、拍攝等等，大約要兩個小時左右，因此，這只適合到成都自由行的旅客。

　　但一般時候，若在景點配合當地風情租衣服拍照，前後可能只需要十分鐘。而多年來的旅行，我們也都養成習慣，出國前事先做好功課，了解旅遊當地的風俗以及穿著特色，若有可能就自己從臺灣帶搭配的服裝，當然不是非要和在地服裝一模一樣才行，只要感覺有抓到就好。

　　例如在希臘的海岸拍照，穿著希臘女神優雅飄逸的白衣服，能呈現那樣感覺的衣服，在臺灣就可以事先準備。

Fun 6
聰明的旅遊方式

> 世界是一本書，不旅行的人只讀了一頁。
>
> ——聖·奧古斯丁

　　最常跟攝影建立連結關係的活動，就是旅遊了，大部分時候，大家旅遊都會拍照，接下來就讓玄 SIR 來談談旅遊。

　　這個世界衡量資源的兩種標準，一個是時間，一個是金錢。以旅遊來說，評估一個真正「划算」的旅遊，也是運用這兩種標準，也就是用最少的金錢得到最高的旅遊滿足，或是以最有效率的時間分配得到旅遊滿足。

　　常見的省錢旅遊方式，往往是經濟卻不實惠，例如最典型的特惠行程，看似包山包海的旅行團，結果卻可能是典型的景點「沾醬油」行程，甚至把一些三級景點也當成是一個主要景點來逛。另外，坊間也有標榜多少錢就可以環遊世界的旅行，過程可能得搭便車、睡背包旅館、以工代宿、吃免費的供餐……等，那種旅行可能適合年輕人去天涯冒險，但絕非高品質的旅行。

有的旅行雖然花費比一般團來得便宜一些，但是犧牲掉的卻是時間，例如住在比較偏遠的飯店，每天光是交通來回，就得多耗掉一、兩個小時，或是到博物館看展覽沒有 VIP，必須大排長龍⋯⋯等等。以上的旅行都只是為了遷就現實，而降低旅遊品質，任何人只要無法盡興的旅行，都不能稱之為好的旅行。

把旅遊當成一件用心的任務去學習

有人說，旅行就是要輕鬆，不要搞得太嚴肅，玄 SIR 非常認同，玄 SIR 去過 30 個國家、100 多個城市，體驗過不同的地方特色，擁有美好的旅遊時光，過程也都相當輕鬆愉悅。

但我必須要說，這世界上的每個學問都一樣，你願意「先把它當成一回事」，好好的去投入，接著就是先苦後甘的享受過程。舉例來說，潛水很有趣，但是對於不會潛水的人來說就很痛苦；登山可以看到高遠的美景，但是對於沒準備好的人來說，登山搞不好就會送掉性命。

同樣的，翻一翻旅遊書籍，找到想要去的目的地後，看到有這麼多好山好水好景，但是這世上並沒有任意門，從你家到目的地之間是有「過程」的，如果只是嚮往目的地有多好玩，但是在過程中卻很不愉快，甚至有危險，要嘛花錢又受氣，要嘛跟自己原先期待的落差很大，那樣都不好。

　　因此玄 SIR 鼓勵，就算是去享樂放鬆，最開始的第一步也是要嚴肅，看你是要花一小時嚴肅，換取一整個旅程的快樂，還是追求完全自由，結果可能在接下來的行程中都充滿災難不快？

　　旅行前要學習什麼呢？真正聰明的旅行，絕對是要站在好的旅行品質上，再來談可以怎樣節省金錢，甚至包括節省時間。當別人可能買不到直航機票，得換機轉乘多耗一天才能抵達，你卻已經躺在飯店游泳池旁悠閒的休息；或者大老遠跑到一個城市，卻因為沒有事先訂票而無法欣賞到某個特色歌劇，這些都是時間上的浪費。

　　玄 SIR 在尚未滿四十歲前，就已經飛遍歐、亞、美、非各洲，去遍各大城市，包含一般人只在電影中才看到得到美麗但偏遠的地方，如希臘克里特島、大洋洲的夢幻島嶼，最遠連南極都去過了。但這並非存了大筆金錢才能過的奢豪生活，而是透過聰明的規劃，每個景點都可以用最特惠的價格，並取得許多特色體驗的優先訂位權。

　　玄 SIR 真的要說，那些刻意壓縮荷包以及為了省錢採取的克難旅遊安排，不是真正划算的旅遊，但每件事都要砸大錢才能換得好的待遇，也只是冤大頭式的旅遊，而且結果也不一定令人滿意，關鍵就是要「學習」。

歷史在現場，不只在書裡

現代人一方面服膺「開卷有益」，認為書中自有黃金屋、書中自有顏如玉，也有世界各國的風景，但另一方面其實也沒那麼常閱讀，結果人生大部分時候就這樣平平淡淡的過去了。

有人熱愛閱讀歷史，但若有可能的話，我們看書中千言萬語的描述，總是比不上在現場親自觀賞。好比說，根據書中的描述，以為金字塔是個光滑的三角錐，然而實際上到了現場一看，才知道原來是很陡的階梯；澳洲知名地標塔斯尼烏魯魯巨岩（或稱艾爾斯巨岩），照片看起來好像很壯觀的樣子，但是現場卻是一個充滿蒼蠅的地方。

另外，例如玄 SIR 也曾去過南極拍照，雖然畫面上看到的都是可愛的企鵝，可是照片看不到的，其實現場都是動物排泄物的臭氣。儘管如此，旅行是如此難得，光是親眼見證從前在書上才能讀到的景點，那種歷史參與感就很難得。你不想去現場看長城、看金閣寺、看金字塔、看非洲部落、看世界最美的海灘嗎？

玄 SIR 鼓勵大家，再忙也要安排時間去旅行，如果沒有預算出國，至少也要在國內到處走走。

如何付一晚的錢，享受兩天的設施

玄 SIR 這裡要來分享，兩倍的超值經驗。

出國旅行，不該虧待自己，畢竟都已經來到海外了，這輩子要再造訪同一個城市的機會可能並不多，何必為了省幾個錢，錯過難得的機會呢？

玄 SIR 主張，要旅行就要夠深入，在可能的範圍內，盡己所能體會當地的一切，欣賞最美的風光、吃最有當地特色的美食，當然更不要錯過只有當地才能體驗的旅程。

然而高品質的享受不一定就要超昂貴的花費，只要懂得其中竅門，省荷包一樣能夠玩透透。

入住七星級飯店

依據國際旅館評鑑組織的評鑑規定，五星級是最高的評價，但由於來自世界各地的部落客以及旅遊達人們，對於這間飯店實在感到太驚豔了，真的言語難以形容，大家對此感到已遠遠超越五星級境界，所以就對它封了七星級的名號。

這裡就是杜拜的帆船酒店。世界馳名的帆船酒店，遠看造型就像一艘航行在大海的巨船，只是不是航行在大海中，而是航行在黃沙大漠裡。相信在任何有關介紹杜拜的旅遊報導上，大家一定都可以看到這棟壯觀的建築。

既然是七星級的住宿，價格自然不斐，一晚折合臺幣約莫

要六萬元。但是這個價格很超值，不僅包含了豪華的住宿，還有
一流的服務，每個房間都有專屬管家，還能服侍主人享受最浪漫
的泡泡浴。此外，飯店周遭的高檔設施，更是只有住客獨享，其
他人管制進入。

▍超值住宿的方法

　　我們住宿當天因為有專車機場接送，所以上午九點多就已
來到飯店。正常的飯店 Check In 時間是下午三點，但是只要我
們到櫃檯報到，就可以詢問是否能夠提前入住。

　　一般來說，有兩種可能，最好的情況是剛好有空房，那麼
當下就可以提早入住；第二種情況是還沒有空房，不過雖然還不
能入住，但是櫃檯是可以寄放行李的，從那個時候開始，你就可
以開始享有飯店的所有設施。

　　帆船酒店有專屬的海灘、專屬的遊樂園，更別說各種三溫
暖、健身房及頂級餐廳了。這些設施，有些僅供酒店住客獨享，
有些雖然開放給外來客，但是費用不斐。就以遊樂園門票來說，
如果是非住客，一個人的門票就要將近臺幣兩千五百元。

　　而我們從入住當天上午開始，就可以免費入園，直到第二
天退房，還可以再把行李寄放在櫃檯，繼續免費享受這些設施，
等於住一個晚上，卻享受兩天的設施。光是以遊樂園門票來算，
兩個人兩天加起來就要將近臺幣一萬元，況且還有其他設施，例
如美輪美奐的沙灘，也都可以全部擁有。

Fun 7

從五到進階六到

> 攝影機最重要的元件，是在它後方十二吋的那玩意兒。
>
> ——安塞爾‧亞當斯

關於攝影，除了前面曾介紹過的人、事、時、地、物的「攝影五到」外，還要結合眼、耳、鼻、舌、身五官的眼到、聽到、聞到、嘗到及觸到。如果要拍出一張好的作品，還要再加上第六到，也就是「心到」。其實所有的「到」都可以囊括在「心到」下面，因為只要用心，就會去營造出符合從「眼到」到「身到」的照片全方面感覺。

很多時候，一張照片只要再加個巧思，就可以呈現出獨特的氛圍了。例如同樣是去東南亞玩，如果拍照時手中托個榴槤，整個「味道」就出來了。

通常為照片添加臨場感的「道具」，最典型的是在地服裝，不管到任何國家，只要穿上讓人一看就辨識出來的特色國家服

裝，如日本和服、韓服、阿拉伯服、印度紗麗……等等，再普通的照片也會變得非凡。

但如果到了沒有在地服裝可以搭配的地方，那麼只要懂得結合在地的特色，好比說在地的水果、在地的飾品……等等，照樣可以展現出旅遊的融入感。

所謂「心到」就是在拍照時，很用心在這些小細節上。也許讀者會問，旅行就是去旅行，我們又不是專業的攝影師，有必要每張照片都那麼「用心」嗎？

那是讀者可能誤把「用心」當成是要像雜誌拍攝般的大工程，真正的那種專業拍攝要有模特兒、要搭景，甚至要有現場導演，那的確是大工程。但玄 SIR 說的「心到」，每張照片只需花個幾分鐘，甚至也是在幾秒鐘內就拍完，但由於平常已經養成習慣，拍照的剎那就已經融入眼、耳、鼻、舌、身的關注，因此張張都可以是經典。

心到，就是按快門時已經想到日後看到這張照片時，該怎樣說故事。

眼到，不用說，就是攝影者如何結合在地的特色。例如拍法國巴黎鐵塔時，總要讓鐵塔被看見，而不是主角遮住大部分的畫面，然後對著鏡頭比「YA」。

聽到，則有賴氛圍的營造，好比說看一張中東拍攝的照片，就感覺到似乎可以聽到背景的阿拉伯音樂。

聞到，例如把花朵結合入鏡，讓欣賞者似乎都可以聞到花

香；至於嘗到和觸到，則更需要用心的鋪陳。如同前述，用心不代表每張照片一定要刻意花很多時間去布置設計，主要還是靠拍攝者長期的習慣累積。

當然，在諸多照片中，的確有些需要刻意搭配場景換衣服、營造氛圍，甚至要等特殊的光線才按下快門，多半屬於在室內（例如住在特色 Villa 時）才會如此。

無論如何，照片可以抓住永恆，與其拍一張當下拍完之後就永久封存不再觀賞的到此一遊照，何不至少拍幾張「六到」的典藏照，往後的日子裡，這樣的照片在每個時刻都值得再三回味。

Fun 8

抓住最美的構圖

（拍攝地點：南極天堂灣）

　　攝影雖然包含六到，可是說到底，還是視覺的藝術，如何吸睛，構圖法很重要。以上圖來說，就是典型的二分法構圖，我們可以明顯看到，照片可以由中間畫一條線，線的上面是天空，線的下面是海水。這張照片的另一個特色就是藍色的主調，於是上面是一種藍，下面又是另一種藍，融合起來的視覺感，非常讓人眼睛一亮。

🖼 二分法、三分法與斜線構圖

　　「二分法」是最常見的藝術構圖之一，抓住的要訣就是「對比」，通常一條線切開來的兩邊要有對照。例如一邊是繁華，一邊是空蕩；一邊是絢爛，一邊是單調，或者兩邊有不同的色調。對比就能讓畫面有所比較，有了比較，就有了故事。

　　另外一種叫做「斜線構圖」，也是把畫面切成兩半，塑造對比感。二分法是畫面切成上下兩個空間；斜線法則是以一條斜線切割畫面，右上左下或左上右下都可以。

（拍攝地點：烏拉圭波多黎各市場）

　　上面這張就是三分構圖，也就是畫面刻意切成三等分，主角站在其中三分之一的空間，營造出特殊的視野。

（拍攝地點：聖托里尼火山景觀酒店）

　　上面這張則是斜線構圖，讀者可以看到，配合著左上角白色房子的邊界，剛好形成斜線，並且引領欣賞者的視野往前聚焦。而焦點正是女主角，並且她正站在黃金交叉點上。

　　什麼是黃金交叉點？接下來就來說明。

黃金交叉點

　　構圖，顧名思義就是把一張圖解構。在設計學院的典型做法上，就是將畫面切割成九個區域，可以稱之為「九宮格法」，或者稱之為「黃金構圖法」，因為在切割成九個格子時，將主視覺物件（好比說女主角的頭部），放在九宮格的四個交叉點上，拍出來的照片視覺感最佳。

　　實務上，我們是在拍照而不是繪圖，但即便如此，拍照時就可以在相機的觀景窗畫面中劃出隱形的格線。另外，有些高檔的相機，也會在畫面上顯示出九宮格的畫面。至於手機更不用說了，幾乎所有手機的拍照功能中，都有內建九宮格的輔助格線功能，讓我們在拍照構圖上更為方便。

　　以這張圖來說，如果女主角只是中規中矩的站在畫面正中間，這樣的照片就會顯得很普通；但如果讓女主角站在黃金交叉點上，整張照片的視覺效果就會很不一樣。

　　講到這張照片，也可以順便再來複習一下六到。這張照片的主人翁，是整張照片的焦點，但這個焦點若是少了背景，可能就只是一張普通的人像照罷了。但現在我們的女主角經過刻意的打扮，讀者可以看到背景是以白色為主色，然後天空如此的藍。這時候，站在黃金交叉點上的女主角，一身具有在地民族風格的繽紛打扮，非常具有聚焦效果。

（拍攝地點：杜拜大清真寺）

　　這張照片也可以感受到拍攝時間是在早晨,當時陽光普照大地。女主角在做什麼呢?她的頭巾透露出端倪,肯定不是只在定點拍照,而是有想要逛街的打算。頭巾及墨鏡也凸顯出當時的陽光有些強烈,甚至感覺到有風在吹動,因為女主角必須緊抓著頭巾。於是當欣賞者看著這張照片時,就會忍不住多看幾眼,越看越有故事,覺得中東風情的地方,好像有一種吸引人更深入的魅力。

　　一張真正好的照片,可以充滿故事,有些攝影大師,可以用一張照片對著全場學生講解一個小時,臺下的學生也都聽得津津有味,完全都被照片的境界所吸引。

Fun 9

景深與光線

　　前面提到的種種攝影技巧，比較偏向環境規劃，接下來我們要介紹的，則是跟相機本身有關。由於現在智慧型手機的進步，只要功能好一點的手機，都會有手動調整光圈、快門的專業模式，也都可以拍出高品質的相片。

　　傳統的攝影課，從新手到入門會有個門檻，那就是學習光圈的調整。現在玄 SIR 分享的，就是任何人都可以拍出好品質照片的訣竅，不需要特別去記什麼光圈係數，或是怎樣的背景要搭配怎樣光圈（好比落日時刻、晨曦時刻、陰雨天時刻……等等）。我們只需要拿起手機，知道幾項簡單的原則，就可以拍出令人讚賞的佳作。

　　其實所有照片的精緻與否，都跟光線有關，往往只要光線控制得宜，就可以讓一張照片由 20 分大幅進步到 80 分。

　　與光線有關的一個重點就是景深，因為照片包含遠近視野，不可能同時兼顧，因此，拍照時要決定聚焦在前景或後景，以下就來看看不同景深的差異。

淺景深

　　接下來這兩張照片都是在杜拜的室內餐宴拍攝的，下方這張由於沒刻意聚焦，因此畫面顯得雜亂，不但看到人雜物雜，整個場景也混亂起來，主體就容易被淹沒在一片雜亂當中。

　　右頁這張照片則是刻意採取淺景深拍攝，把照片聚焦在前面，讓後面那些雜亂的背景模糊，於是呈現出來的就是主角的美，再加上這張這片刻意安排穿上當地的服飾，同時手上拿著當地的酒壺，故事性就出來了。

（拍攝地點：杜拜謝赫穆罕默德·本·拉希德文化理解中心，文化餐）

📷 打光的特效

　　提起光線，我們大部分時候指的是自然光，特別是非專業攝影師，出門旅遊時也不太可能提著大箱小箱的攝影器材，因此旅遊拍照上，就是搭配自然的光線。

　　但很多的時候，特別是夜晚，當太陽已經西沉，如果拍照的光源還是靠自然光，就變成只有微弱的星光、城市中的燈光，或是室內的燈光，由於這些光源都太弱了，因此大部分人拍出來的夜景，通常效果不佳。

　　我們是否可以靠著智慧型手機，在夜晚拍出美麗的照片呢？正常來說，如果沒有打光，不可能拍出這樣的效果，那是因為夜景如此絢爛，相對前景一定會變暗，這也是許多人拍夜景照的缺點，那就是主人翁黯淡不清，陷入兩難情境，想要有夜景，人就不清楚，甚至是一團黑；如果想要拍主人翁，夜景就會看不見。

　　以這張照片來說，要跳脫這樣的兩難情境，靠的就是打光。所謂打光，跟閃光燈的概念不一樣，許多人拍夜景時都會開閃光燈，結果就只能拍出前景，背景則是完全一片漆黑。

　　然而打光就是把光線照在主角身上，燈源其實靠手機就可以了，重點是要讓前景與背景處在同樣的曝光值，因為拍照時，不同部位的曝光值不同，拍照就要有所取捨，犧牲前景或後景。但是透過打光，當前景、後景的曝光值一致，就可以既拍出美麗的女主角，又可以清楚看見背後絢爛的夜景了。

（拍攝地點：杜拜萬豪酒店 52 樓景觀餐廳）

　　說起打光，另一個常見的場景就是美食了。

　　說到這裡，大家好像都流行只要去好一點的餐廳吃美食時，往往人還沒吃，就先餵手機吃，用餐前拍照，幾乎已經成為慣例了。但是有沒有發現，常常不管你怎麼拍，都很難拍出好看的美食照，畢竟餐廳的燈光通常偏暗，而且現場容易會有雜影，餐具的影子、對面座位朋友的身影……等等，拍出來的照片就只能拿來打卡上傳炫耀，看不太出來食物的美感。

　　有人好奇，為何廣告上的食物照都那麼美，那當然都是專業攝影師特別透過燈光及布置拍出來的。但只要抓住基本的原則，拍美食時逆光及搭配打光，做出層次感，你也可以拍出令人稱讚、夠專業的美食照。

　　例如下方的照片，我們若是只靠餐廳的燈光，就可以拍出這樣效果嗎？當然是不可能的，因此要有輔助燈光，也就是靠著打光，才能營造出水果表面的鮮豔欲滴，同時又有著淡淡的投影。典型的美食照都是結合打光，這和一般朋友聚餐臉書打卡的餐桌拍照是不一樣的。

　　說起這張照片，其實是玄 SIR 拍攝一系列美食照片的其中一張，地點是全世界最頂尖的杜拜帆船

（拍攝地點：杜拜帆船酒店海底餐廳）

酒店海底餐廳。

　　當天還有個小插曲，在進餐廳時，玄 SIR 一時疏失沒注意到，比照在臺灣飯店住宿一般，穿著涼鞋就打算進去用餐，結果在門口就被擋了下來。不過既然都已經是入住貴賓了，當然不會真的不讓貴客進去，所以餐廳現場還貼心的準備了皮鞋，於是玄 SIR 把涼鞋放在寄物櫃，再穿著他們準備的皮鞋進去。

　　這一系列的美食，餐點可不便宜，一餐約兩百美金。透過打光，食物就可以拍出美輪美奐的效果，由於玄 SIR 吃素，沒有大魚大肉的照片。以這張水果照來說，其拍攝重點，首先是逆光，所以我們就可以看到水果的影子，從前面往後投射。

　　接下來搭配打光，營造出一些明暗對比較效果，如此，這張照片就會很有層次感。於是原本看來平常的水果拚盤，就可以拍出像是海報一般的效果。

沒打燈的拍攝　　　　　　　　　　**用手機的手電筒打光的拍攝**

Fun 10

美照是需要營造出來的

　　以日後觀賞照片的角度來想，就像在閱讀一本書，如果你是讀者，你會想要從何開始？第一步，當然就是要先了解故事的背景。很多人一到一個陌生地方，可能就開始東拍拍、西拍拍，但是這些照片都是一段一段的，當其他人看到這些照片，甚至日後自己翻閱照片時，常常就像瞎子摸象一般，根本不知道全局。

　　當我們一進入房間，先把行李大致放到主臥房角落後，接著應該如同介紹故事背景一般，要先來拍一張房間的全景。特別是七星級飯店的房間，怎麼可以不留下紀念呢？而且要拍就要採用廣角鏡頭，才能抓住全景的感覺。

　　方法是選定房間的某個角落，可能就是門口或者房間裝飾最少的那個牆角，先拍出整體的印象，之後再像讀故事書分篇介紹那般，逐步拍出客廳、臥房、餐桌等豪華的影像。

站在制高點拍攝

相機或手機雖然是抓取影像的介面，但其實它們都是代表我們的眼睛，若我們想將現在眼前所看見的美好記錄下來，等旅程結束後可以好好回憶，或者和朋友們分享，就一定要記得一點，那就是抓住自己眼睛的視角。

拍攝時，想像相片觀賞者也站在和你一樣的角度，觀看風景或看美女。而以廣度來說，最佳的視角應該是比平行略高一點，也就是要有一點俯瞰的感覺，但又不是空拍圖。例如站在客廳，我們就可以借助椅子，站高一點點取景拍攝，如此就可以拍下全客廳的家具，包括桌上的擺設；但是如果站在平視的位置，可能就無法拍到每一樣東西，例如因為視角的關係，桌上的餐盤可能就只能拍到側面，如此將會少了些許美感。

我們看一張美麗的照片，難道都是因緣巧合捕捉到的嗎？並不是的，不要說所有國際大賽得獎的作品，都是攝影師刻意營造的，其人物、背景、光線都要處在絕對完美的狀態，就算是我們一般的拍攝作品中，如果要讓人觀賞時發出讚嘆，絕對都要經過一定的布置，甚至包含長時間的等待。好比說，有人為了捕捉最美的光影，可能徹夜不睡，守候在鏡頭前。

當然，出國旅行是為了享受時光，攝影只是輔助，如果真的為了拍照而徹夜未眠，那就有點本末倒置了。即便如此，拍照需要事先進行規劃，這點是確定的原則。

一百八十度拍攝術

　　我們在看到親友帶回來的旅行照，人物臉上的表情呆滯不說，經常還有光線不足、臉色太暗的問題，或者是反過來，曝光太過的問題。

　　然而右頁的照片，同樣的時間和場景，為何玄 SIR 拍出來沒有這些問題呢？那是因為我在拍攝時都會留意光線位置，然後刻意算準角度，一般來說，若是正向迎著陽光，絕對是會鏡頭逆光，人物的臉上往往一片黑；但若是背對陽光，可能又沒辦法拍到我們想拍的那個風景。以這些照片來說，其實只要採取某一個角度，就能既拍到清楚的人物，又沒有逆光的問題。

　　有一個推薦的做法，也就是所謂「一百八十度拍攝術」，這是玄 SIR 當年在當攝影師時發明的技巧，也就是以模特兒為中心，針對同一個畫面，不斷轉換拍攝角度多拍幾張，最終，一定可以找到滿意的角度和作品。

　　畢竟，這樣的旅行機會難得，一定要留下美麗的照片。

　　以這兩張照片來說，其實是一系列照片中的兩張，女主角穿著同樣的服裝，拿著同樣的花，站在同一個地點，在女主角不動的情況下，拍攝者以一百八十度繞著主角以不同角度拍攝。最後會發現，不同角度會拍出不同的感覺，甚至把兩張照片放一起時，大家會以為是在兩個不同場景拍攝的，事實上卻是在相同的時間和地點拍的。

（拍攝地點：馬爾地夫悅榕莊瓦賓法魯）

⛰ 陽光下的女神

看到這張照片，相信讀者們都會大聲讚嘆，哇！這實在太美了吧！甚至懷疑這是不是從攝影雜誌中擷取的照片了。

照片的一大特色，除了抓住特別的角度，既拍到坐在床上的美女，又能讓視線順著門口直接拍到戶外的藍藍大海，還有天上的太陽。更特別的一點是整張照片的光影，給人一種神聖的氛圍，竟然可以在逆光的情況下，拍出如此清晰的照片。

玄 SIR 在拍攝這張照片時，掌握了兩個訣竅。

第一，拍攝的時間必須抓好，包括房間當初也是選擇可以看到日落的一樓（這是坐東朝西的方位，若是坐西朝東，則可以拍到朝陽）。拍攝這樣的照片，時間絕不能是正中午，而必須在大約下午四、五點左右，此時太陽在天際的以某個角度灑下陽光。

第二，光影的捕捉中，曝光度很重要，一般來說，畫面中的每個位置受光度不同，拍照便要有所取捨，難免有些地方太亮、某些地方曝光不足，但以本照片來說，玄 SIR 刻意選在陽光映照女主角臉龐時，如此，她臉上的光值和戶外是一樣的，這樣拍照就不會有曝光過度的問題了。

（拍攝地點：聖托里尼火山景觀酒店）

　　另外，若是懂得抓住光影，像下面這張照片，你看，整個人看起來就顯得有點「仙氣」，女主角的頭髮會發亮，臉部也散發著光彩，而整個人刻意搭配合適的服裝，融入白色沙灘，背景則以柔焦呈現，卻又可以隱隱看出綠色樹林中有陽光的感覺，這張照片立刻讓人聯想到美麗浪漫的童話故事。

（拍攝地點：馬爾地夫悅榕莊瓦賓法魯）

Fun 11

等待最好的時機

> 很多時候，拍下來比買下來得好。
>
> ——玄 SIR

　　大部分時候，我們是以旅遊為主，而拍照則是為了留下美好的回憶，不會為了拍照而犧牲了旅遊行程，因此，每張照片的拍攝也不會耗費太多時間。但是每個地方都會想要保留幾張「最特別」的，例如都已經來到希臘海邊了，當然就要拍一張希臘的夕陽。

　　然而夕陽並不是隨時想拍就能拍的，也不是每個夕陽拍起來都好看。一張完美的夕陽照，必須同時具備三個條件：

　　第一，等待最佳的光影時刻；

　　第二，搭配場景找出最佳的角度；

　　第三，若有可能，當然還是要穿著適合的服裝。

（拍攝地點：希臘聖托里尼）

　　例如左頁這張照片，看起來是不是很美？朋友看到都說，簡直可以直接拿來當成明信片用了。

　　但是這樣的照片是巧遇嗎？當然不可能，那個美麗的光影，抓住最佳的落日美感，全是靠「等」出來的。

　　這種情況通常會發生在好比說在一間優雅的飯店住宿，或者自由行時間比較寬裕的時候，特別像是黃昏時刻，大概白天能逛的景點都已經逛過了，賞夜景的時候又還沒到，這個時候最適合來拍夕陽照了。

　　而且這個時候我們也都沒有行程，可以悠閒的慢慢等，這裡的等當然不是好幾個小時，可能就只是等個十幾分鐘，事先查好當地的日落時間，等到差不多快落日的時候，找到一個好的視角，讓主人翁穿上美美的衣服，並在事前先模擬過最佳的拍照姿勢，接下來就拿著攝影機或手機守著，等待光線來到最佳的那一剎那。

　　在專業攝影師圈子裡，有所謂的「Magic Moment」，但就算身為素人，只要守株待兔，例如就守在這個美麗的視野用「等」的，就可以等到最美的拍攝 Moment 了。

　　有人可能會覺得，何必浪費時間等日落？但其實都已經大老遠可能飛過半個地球，去到一個美麗的海邊了，一天落日有幾次？就只有一次。況且在你的行程中，可能就只有停留在這個海邊這麼一晚，又幸運的沒遇到下雨或是陰天，你只需等個十幾分鐘，就可以拍攝到永恆的照片，這哪會是浪費時間呢？反倒如果

不好好把握這個瞬間，糟蹋了這個千載難逢的機會，那才是浪費。所以，拍照要把握住難得的光線時光，該等的時候就等吧！

剪影特效

以 204 頁這張照片來說，玄 SIR 再來分享光影的另一門學問，那就是「**剪影效果**」。

相信大家應該都看過皮影戲，也玩過藉由燈光照射用手影模擬動物的影子遊戲。以臉部來說，剪影就是看不到表情，只看得到「輪廓」。雖然看不到表情，但是很多時候，一個很美的剪影，就能讓照片發出千言萬語。

這張照片的背景是位於希臘的聖托里尼，講到這裡，玄 SIR 還是要說，一定要把握人生，有機會就安排去一些很特別的地方，而不要總是在每年的旅遊旺季，跟著一堆人擠著飛機到東京、港、澳等鄰近國家血拚。

照片上這個美麗的地方，一般人是拍不到的，我們是住宿在五星級的酒店，才能擁有那麼棒的視野，照片後方那片海洋就是愛情海，而這家酒店蓋在山裡，因此可以一方面靠近海邊，一方面又能以適當的高度視角看海。

我們回過頭來談光影，這張照片刻意呈現出剪影效果，那是因為背景是愛情海，又是日暮時分，這麼浪漫的場景，如果只

是主人翁對著鏡頭擺出「YA」的動作，豈不糟蹋了這麼美好的氣氛？為了配合場景，最好是要有一種浪漫的、引人遐想的劇情，女主角只看得到輪廓，但是大家注意到了嗎？人物雖然不大，她的眼、耳、鼻、口等輪廓依然清晰，這也是刻意「喬」過才找得到的最佳角度。

剪影效果，其實以光學來說，就是曝光不足的意思，但是只要背後的光影夠強，光線會從旁邊透出，而凸顯出人物的形象。這樣的照片要怎麼拍呢？就是把正常曝光值設定在後面夕陽的背景，由於正常曝光值在後面，所以前面的人物部分自然就會比較暗，因此產生了剪影效果。

這裡也來分析一下這張照片的元素，結合了「六到」因而產生故事性，讓欣賞者會想著，為何這個女孩站在這裡？她在等人嗎？還是在思念著誰？看她的穿著，天氣似乎是偏冷的，是否有寒風，她的心境到底是如何？

另外，以構圖來說，這張照片同樣可以切出九個空間，而主人翁就站在其中一個黃金交叉點上。如此的構圖，若將主人翁放大，就會失去那種氛圍；若是背景太過強調，又會喧賓奪主。因此選在九宮格的位置拍攝，還是效果最佳的做法。

Fun 12

把握最好的時機

> 最好的相機就是你需要時在你身邊的那一臺。
>
> ——蔡斯·賈維斯

　　前面提過，有時候為了抓住最美的畫面，攝影者必須守候著，等待最佳的光線出現。但身為旅者，更多時候，反倒是要把握時機，抓住最美的印象。

　　右頁上面這張照片是如何拍到的呢？這其實是可遇不可求的。有的照片可以靠「等」出來，好比說落日可以等，今天等不到，可能明天繼續等；或者好比說阿里山雲海，可能連續好幾天都陰天，但是只要耐心等，終究可以等到適合拍照的那一天到來。

　　然而這張照片卻不能靠等待。一方面，這張照片是在南極拍的，你一輩子可以有多少機會去南極？二方面，就算你人在南極，也很難可以近距離看到海鷗從你面前飛過。所以當海鷗飛過時，你不能猶豫，就是當下決斷，立刻按下快門。如何拍攝動態

的鳥，後面會再分享，但總之你要「把握機會」。

南極既然是人間絕境，一定有很多奇景，此外由於很難真正登陸，畢竟那裡是氣溫極低的地方，因此很多美景只能遠遠的看，可能選在船最接近的時刻就要快速按下快門。甚至很多時候，例如看到冰山滑落，或者小企鵝正要跳水，還有鯨魚噴水……等等，一看到就不要遲疑，趕快拍就對了。其實這種反射動作有於賴習慣的養成，大部分人看到奇景的當下，可能只會愣在那裡，唯有平日養成習慣，相機或手機隨手在身、隨時拍照的人，才能在最快時間抓住剎那間的畫面。

提起南極，這裡也分享玄 SIR 旅遊時遇到的特殊經驗。南極由於真的很冷，不適合人居，那裡的冰山許多都已經存在千萬

年之久。也因此,南極是就算有錢也不一定可以去,每年的十一月到隔年三月,是南極的旅遊季節,要把握可以去的梯次,一年只有最暖熱的季節,開放三個郵輪梯次。

南極旅遊通常是搭郵輪,即便如此,一次的旅行費用可能是很多人一整年的薪水了,更別說若有人想搭飛機,那更是超級天價。

記得那回的郵輪之旅,我還碰到一個狀況,原本過往我已搭過全球各大洲的郵輪,每一次的行程都是平穩安適,唯有這回的南極之行,郵輪非常搖晃,很多人都暈船吐到不行。第二天有機會和船員聊才知道,原來前一天,一方面船長聽說有個暴風雨將至,我們的船必須避掉那個暴風;二方面在南極海洋其實有很多暗礁,若是經驗不夠的人一旦觸礁,可能會讓人聯想到「鐵達尼號」事件。

無論如何,船長都要盡早在海象變惡劣前,離開礁石最多的地方,因此一面快速前行,一面又要閃過礁石,所以船才搖晃得那麼厲害。事後回想,那當然也是人生一次特別的經驗,原來自己正在冰山群裡面閃躲暗礁。

關於南極,可以回憶的事情還很多,例如關於天氣,天啊!那真是冷,我都已經穿到全套的防寒裝備,手上也戴著厚厚的羊毛手套,結果我的手還是有些凍傷。但整體來說,郵輪行程是很安全的,我們可以遠遠的看見冰山,還有南極很高的山,那些山很多看起來近在眼前,似乎往前不久就可以上岸登爬,但實際上

卻是距離很遠，只是因為山勢陡峻所以看起來很近。

更珍貴的當然是看到企鵝以及南極的生態，還有所謂霧裡看花，南極因為水氣的關係，氣象變化萬千，有時候前幾分鐘還豔陽高照，忽然間就湧起大霧，視野一片真正的白茫茫，那樣的經驗真是永生難忘。

像南極旅行這樣的高檔行程，因為所費不貲，而且連同前後準備及轉機的時間，至少要耗費兩到三個星期，一般上班族根本不太可能參加，包括企業家想參加也有困難，原因不在沒錢，而是沒有時間。要真正有錢又有閒的人才可能來參加南極團，因此我們那回的行程，放眼望去，團員看起來的平均年齡都有七十歲了吧！以我印象所及，我應該是全船旅客中年紀最輕的。

當時我們遇到一位同樣來自臺灣的旅客，他也是七十多歲的退休企業家，他對我們問的第一個問題，就是我們是不是什麼富二代之類的？我記得我當場伸出雙手讓他摸，問他對我的手有什麼感覺，對方不明白是什麼意思，就覺得我的手白白的而已。我說：「那就對啦！我們是『白手起家』！」

聰明理財以及用心事前的規劃真的很重要，我們就是做足了這些準備，才能擁有充裕的金錢與時間，到南極來旅行。

動態平面攝影

前面那張海鷗飛翔的照片，是怎樣拍出來的？由於海鷗正在飛翔，若攝影者定住不動，是絕不可能拍得出來的，畫面絕對是晃動不已，甚至看不出樣貌的一團影子。事實上，動態攝影的難處就在於如何捕捉住一個正在動作的人或物，好比說運動攝影，要拍攝跑者或者運動員在場上踢球的畫面，該如何捕捉住精彩的瞬間呢？

背後原理就是「物理特性」，依照物理特性，如何讓「動」的物體變成「不動」呢？關鍵就在於「等速」，如同公路上兩輛等速的汽車，從甲車看向乙車，會覺得乙車是靜態的，乙車看向甲車也是如此。因此，如果我們要拍攝以一定速度飛翔的鳥，如果想要拍到清楚的畫面，答案也是「等速」。

當然，我們並不需要跟著海鷗用一樣的速度前進，而是透過槓桿原理，以我們的相機為中心，每轉動一個角度，就相當於海鷗飛行一個距離。

然而在實務上，該怎樣讓速度抓得剛剛好呢？其實並沒有這樣的可能，畢竟海鷗也不一定會一直以等速飛行，此時就只能靠「量大」取勝，也就是當看到飛翔的海鷗時，就開始進行「連拍」，反正我們的鏡頭就跟著海鷗快速移動，邊動邊拍，我的經驗法則是，大約拍個二十多張，總會有一、兩張成功，讀者下次遇到類似的情形時，也可以試試看。

（拍攝地點：大溪地波拉波拉島）

後製也是必須的

　　照片要抓住最美的真實，在每一次的拍照中，總是會有特定的幾張照片是美中之美，可以拿來當作這回旅行的代表放在臉書上，甚至以我這樣熱愛攝影的人來說，可以做為主題精選照片的。

　　往往這樣的照片既然已經兼具展示用途，如果再進行一下後製就會更完美了。

　　上面這張照片看起來是不是很夢幻？這張照片兼具標準的六到，非常有故事性。你看，後面的海天一色，簡直就像電影場景，前景的那棵樹，更是超現實般的「長」在海上。實際上真的

是這樣，這裡是大溪地，那裡的海非常美，有一處海邊因為水極淺，漲潮時就有棕櫚樹長在海裡。而女主角穿著海邊休閒風的在地服飾，一旁的樹則呈現著風向，看著照片，都可以體會出女主角那種處在世外桃源的心境。

這張照片經過後製，讓整個畫面更有夢幻感。當然，前提是原本的照片就必須是經典，否則若構圖不對、聚焦不對、取景不對，再怎麼後製也不能呈現出唯美的效果。若後製過了頭，也就失去了拍照的意義，乾脆也不用出門，直接在家合成就好。實務上，這張照片當然是在現場拍攝，並且結合適當的修圖軟體，才能打造這樣的美照。

這張照片後製重點在於調整色差，創造畫面的光影效果。另外，有些照片的後製，重點在於把「閒雜人等」刪除，畢竟拍照的地方通常是在觀光勝地，再怎麼會取景，也難保不會拍到一大堆的路人甲。因此，許多照片若要呈現最美狀態，藉由修圖軟體，把一些背景裁切掉是必要的。

說起來，大溪地也是玄 SIR 極力推薦的一個主題行程，雖然這裡的消費真的很高檔，物價是英國的三倍。例如我們在那邊和一位朋友吃飯討論事情，並非約在五星級用餐，只是簡單的點了三道菜，差不多就是在臺灣吃熱炒那樣的感覺，結果就要價超過臺幣六千元，結帳時差點沒嚇傻。

不過不得不說，這裡的景色真的很美，像照片那樣的美景放眼都是，這裡甚至有全世界獨一無二的「綠色夕陽」。重點是

只要選對平臺，就可以用更平民的價格前往旅行，享受貴族般的服務。

我也鼓勵朋友如果有機會來到大溪地，就一定要多拍拍照，保證會有幾張傳世的經典照片流傳。大溪地還有一位有名的人物，那就是畫家高更，在攝影技術尚未誕生時，畫家很重要，可以記錄每個時間的真實。

到了現在，我們每個手持相機（或智慧型手機）的人，就等同以前的畫家，每個人也是可以創作出千古名畫。

Fun 13

室內空間拍攝

　　我們旅行時的拍攝焦點，不管是大自然或者人文古蹟，大部分時候都是以戶外風光為主，至於飯店內，通常都是拍那種團隊集合排排站的照片，純粹個人紀念，少有藝術價值。實務上來說，除非住宿的是五星級飯店，否則一般飯店房間也少有拍攝的價值，但若有機會住宿五星級飯店，如果不在美美的房間內拍攝留念，實在太可惜了。

　　以右頁這張照片來說，這是難得的五星級飯店，光看這間浴室，乍看之下會以為是在公共浴室，也就是像是宴客廳旁的公共空間，但實際上這是私人房間內的專屬浴室。遠遠的可以看到頂級浴缸，近景則是現代化盥洗空間及頂級馬桶。

　　另外，在馬桶旁邊的，可能有許多人一輩子都沒見過這個設施，不知道的人還以為那是洗手的地方，實際上，那是洗屁屁的設備。

廣角拍

　　室內拍照的重點是什麼？以這張照片來說，採用了廣角鏡的效果，所以透過鏡頭可以將整間浴室一覽無遺。

　　另外，廣角拍結合了二分構圖法，可以凸顯空間感。這張這片可以隱隱約約切割成兩部分，左半部光線較暗，右半部較明亮。這樣的對比，透過廣角，可以讓空間看起來更加寬廣。

（拍攝地點：杜拜帆船酒店）

（拍攝地點：杜拜帆船酒店）

　　另外，既然住在五星級酒店裡，也像是擁有一個華麗的攝影棚，當然要好好把握。的確，五星級的飯店住一晚要價不斐，但就是擁有尊榮感受，每個空間都像是電影裡的畫面。像是上面這張照片，在這樣的畫面裡，我們讓女主角刻意穿上公主服，於是就呈現出名媛貴婦的風範。

　　這張照片看起來是不是格外的優雅呢？如果不是這樣的場景，可能也就無法營造出這樣氣派的感覺了。

　　人對了，服裝對了，場景也對了，攝影技術就派上用場了。以這張照片來說，就是採用淺景深，此外讀者一定也有發現，畫面中刻意安排了鏡子入鏡，製造美的映照效果，這樣的照片，彷彿就像是飯店的廣告宣傳照呢！

Fun 14

你也可以成為攝影高手

看了前面玄 SIR 的各種攝影基本介紹就應該知道，每個人只要抓住竅門，就算是小學生也可以拍出夠專業的照片。但拍得出來跟拍得好之間，還是有差別的，這部分要怎麼克服呢？其實就跟所有技能學習的背後道理一樣，那就是靠「勤練」。

想要成為攝影好手，甚至是專業到可以執業的等級，可能不需要去念什麼攝影學院，真的就是靠量大取勝。不誇張的說，只要你願意把握機會，無論去到哪裡都養成隨時拍照的習慣，但不是無意義的拍，而是融合構圖、採光、六到的拍攝，你只要拍個一萬張，那時候就會來到行雲流水的境界，屆時你只要舉起鏡頭，就會誕生出一張經典作品。

以這樣的角度來看，任何人只要願意，好比說一天拍個一百張，三個月就可以出師了。保證你的第 10001 張照片跟第 00001 張照片相比，一定有著天壤地別的進步差距。

結語

你也許不能立刻環遊世界，
但你一定可以開始優化你的人生

　　提起出國，你心動了嗎？想要背起行囊去向航空公司訂票了嗎？但或許轉過身來，你不禁又會垂頭喪氣起來，出國？哪來的時間跟金錢啊？

　　不要憂煩，不要氣餒，千里之行，始於足下。重要的是，你要給自己一個「開始」。

優質旅行的四大重點

　　也許讀者會覺得玄 SIR 很幽默，明明是結語，我們卻在談「開始」。大家應該都有聽過一句話：「結束只是為了迎向另一個開始。」

　　同樣的，我們讀完這本書絕不是結束，而是迎向另一個開始。既然這本書是我的故事，那麼所的謂開始，就是當書本放下

後，你要開始啟動你自己的人生。

想要環遊世界嗎？讓我們整理一下四大重點：你要有錢、你要有閒、你要有愉悅的心情、你要聰明旅行，這四件事缺一不可。

一、要有錢

如果你現在經常是個月光族，那麼你的理財模式應該是哪裡有問題，要嘛賺得太少，要嘛花得太多，或者更常見的二者都有，讓你總是賺的錢不夠花。

讀者看到玄 SIR 曾經也是拚死拚活的賺錢，有一段時間也是每天忙到沒日沒夜，然而賺的錢卻很有限，生活依然苦哈哈。不論如何，如果覺得自己沒有錢，那就是必須改變生活模式的時候了。

二、要有閒

老實說，「環遊世界」聽起來雖然是個很大的夢想，但是講坦白一點，只要有錢就可以做到。如果沒辦法一次達成，也可以「分期付款」，分好幾年甚至十年、二十年達成，那是一定做得到的。重點應該還是時間，如果你的收入看起來夠多，但也只夠你一年瀟灑個一、兩次，回來又得「歸零」，那就不算是好的旅行了。

或者雖然號稱是旅行，但是一邊觀光旅遊的同時，還得一

邊記掛著老闆交代下個月要完成的企劃案，甚至晚上睡覺前還得進入工作群組，看看主管交辦的事項，那就玩得很沒意思了。說起來，還是被時間綁住了，若你是這樣的人，也是必須設法調整現在的生活模式。

三、要有愉悅的心情

為何常有人旅遊玩得不開心？歸根究柢，一定是行程出了問題。為何出問題，一個是省成本進而影響到旅遊品質，另一個是沒做好準備，然後在外地無法因應不同狀況，所以心情也就不美麗了。

如果想要心情美麗、旅行愉悅，還是必須要靠專業的來，專業提供者一個是專家，一個是自行做功課，然而要找專業的旅行社，自己也要做功課，說到底，還是跟錢有關。所以，改變生活模式，讓自己可以有效率的賺錢，進而有更多餘裕做好高品質的旅遊規劃，這很重要啊！

四、要能聰明旅行

旅行不是走馬看花，這種旅行方式，多年後再來回顧時，可能都忘了自己曾經去過哪些地方。旅行也不只是到此一遊，很多人旅行好像是為了別人，只為了讓別人欣賞自己曾經去過哪些地方，秀給人家看，但是自己有沒有真的玩到，只有自己心知肚明。

人生難得，應該要把握每一次旅行的機會，見識不同的人、事、景、物，要能入境隨俗體驗不同的生活，才算不虛此行。過程若能結合專業的攝影技術，還能留下美麗的回憶。

這四件事都要做到，才能擁有優質的旅行，才能去環遊世界。千里之行，起於足下，親愛的讀者們，只要想通了觀念，任何時候決定「開始」都不會太遲。

你要優化你自己的人生

這是玄 SIR 的第一本書，簡單講，我是要來激發讀者們有一個好的「開始」。本書算是玄 SIR 的人生前傳，講述從小在基隆的成長歲月，到後來在社會上一路的跌跌撞撞，終於找到一個對的職涯，走出屬於自己的一片天。

在玄 SIR 的故事裡，可以找到跟以上四大旅遊重點相關的方法，玄 SIR 想告訴你如何變有錢、如何變有閒，也希望你玩得開心，擁抱旅行的樂趣。

玄 SIR 在成功達到財富自由以及追求到美好的夢想後，我們的使命就是持續不斷的幫助更多人，讓他們可以藉由找到正確的生涯，進而完成每個人各自的夢想。

在本書最後，玄 SIR 想要特別和讀者分享的，是有關人生

這條路。大家都想享受人生，但有多少人可以達到這樣的境界呢？其實這件事跟財富沒有絕對的關係。例如有的出家師父悟到了天人合一的智慧，可以拋棄凡俗的一切瑣事，不再受金錢羈絆；有的人則生性樂天達觀，認同簡單也可以很富足的理念，他們的錢夠用就好，生活也可以自在逍遙。

但玄 SIR 也必須說，能夠像這類人那般，性靈提升到超脫物欲的人並不多，實際上，大家依然還是必須生活在金錢主宰的世界裡。

既然金錢那麼重要，關於生活的每件事就都跟金錢有關。玄 SIR 認為，人生有幾個課題是需要好好思考的。

如何賺到夠多的錢，享受生活？並且是在短時間內賺到夠多的錢，而不是活到七老八十後，才累積到足夠生活的錢。

如何聰明有效率的運用錢？人人都想要享受生活，但這並不代表必須砸大錢當凱子，或者人云亦云，什麼都不懂就出錢讓其他專家牽著你的鼻子走。

如何追求平衡？這是多數人在一生中似乎永遠都讓自己處在左支右絀狀態的困局，人們總說「有錢又有閒」最難，誰不是為了賺錢，付出大把大把的時間在工作上，休閒只是特例。或者好不容易有閒了，結果卻處在失業狀態或者職場迷途裡，心中因沒錢而感到不安，根本也無法好好靜心去玩。然而更多人遇到的，則是根本沒錢也沒閒。

此外，關於平衡的困境太多了，大部分的人難免煩惱著，

如果留在公司加班，雖然可以給老闆些許好印象，但就不免會跟家人的關係疏離，甚至老婆嚷著要離婚。或者為了打拚事業，但每次的健康檢查都是滿江紅。工作、家庭、學習、性靈成長等不同面向，往往難以兼顧。

以上的困境，玄 SIR 都體驗過，畢竟直到坐三望四的年紀時，我也是歷經過職場辛酸，努力付出，卻得到滿腹的委屈與生活持續的無法富足。

這一切最終的解答，就是找到對的平臺。也許那個平臺是組織行銷，或者是合法的投資事業，無論如何，一個人如果不滿足現狀，例如每天辛苦工作，月入報酬卻只夠勉強支應生活，心中有不滿就要設法突破，總不能抱著這樣的內心不滿度過一生。

簡單講，你要設法「優化自己」，這件事靠自身肯定是沒有辦法的，你必須靠團隊、靠平臺的幫忙，而這樣優質的團隊、平臺必須自己努力去找尋。

讓自己人生更美麗

玄 SIR 後來因為勇於突破，從原本攝影師的身分跳脫，用有效率的方式獲得財富，而且最終還是可以回歸自己最熱愛的攝影工作，只不過這時候我已經可以用自己喜歡的方式工作，我有充裕的時間體驗各種旅行，以及投入公益活動助人。

　　例如嘉秀姐每年投入在公益行善的時間，都已經超過她投入事業的時間了，我們總覺得這世界最快樂的兩件事：一邊做自己喜歡的事，一邊持續有源源不絕的進帳；到處助人，然後被幫助的人反過來帶給彼此更豐盛的財富。

　　最後，還是回歸到玄 SIR 的攝影專長結合旅行的分享。玄 SIR 必須要說，人生是來享受的，享受不必只能辛苦三百六十天後，把賺來的錢集中在五天裡奢華的消費，那也太悲情了，特別是當假期結束那天，似乎感覺像是從天堂掉回地獄，享受不該是這樣的。

　　享受也不是酒池肉林，一定要豪擲千金、左擁美女右執雪茄，當個土豪一副醉生夢死的樣子。

　　玄 SIR 主張的享受，是擁有足夠的金錢及時間，有機會就到世界各地走走，帶著父母、家人、朋友去看看世界。去那裡不是走馬看花，而是遇山親山、遇水親水，每個國家都入境隨俗，體驗大部分人可能一輩子都體驗不到的樂趣。

　　用雙腳去探勘所有書本上描述過的軌跡，是真人體驗版，而非紙上幻想版，叢林、古蹟、沙灘、城堡……，亞、歐、美、非、澳，四海任我行。

　　體驗所有人間的美景、感受獨一無二的體驗，這才是享受。就連住宿，玄 SIR 都特別愛指定擁有全球獨家特色，可能還是經常被媒體報導的頂尖旅宿，包含住在山巔、住在可以看到海底的飯店，或是住在原始部落……等等，都可以體驗。

當白天賞遍特殊風光後，晚上入住飯店時，又能擁有一大片屬於自己的天地，那才是真正的享受啊！在五星級飯店裡，透天挑高樓中樓式的居住空間，講個最庶人的夢想，就算穿個短褲、赤裸上身，跑上跑下的也沒人管你，那麼的自由。

人要擁有夢想，夢想也絕非只能是夢想，旅行不該只是忙碌上班生活中的偶一放鬆，如果可以，要讓自己常態性的旅行。

其實，旅行也不等於是工作的反面，很多時候，旅行讓一個人煥然一新，當重新回到職場後，可以用全新的眼光看待工作，他會更有靈感，所以才說旅行是一種「充電」。而充電後的你，肯定活力滿滿，如同剛被充飽電的電池，這樣的你才可以賺更多錢，服務更多的人。

本書鼓勵讀者們，若有可能，不要讓自己這一生只是像個困在籠子裡的老鼠，只能不斷在轉輪上虛耗光陰。追求旅行的境界，並且讓自己用雙腳寫歷史。怎麼做？怎樣開始？日後有機會，玄 SIR 可以進階分享。但至少先讓自己的心處在開放的狀態，擁抱更多的可能。

在平日的時候，也試著多玩玩攝影，可以放鬆心情，利用鏡頭去觀賞不一樣的世界，你的人生也會更美麗。你滿意你現在的生活嗎？你想要改變現在的生活嗎？每個人都有自己選擇的道路，玄 SIR 選擇的路，也不一定是每位讀者想要走的路。但既然不滿現況，你就一定要設法突破，這件事是千真萬確，是此時此刻你就要認真去改變的。

　　當然，本書的讀者若想要嘗試改變人生，但又不知如何開始，或者對攝影有想要進階的認識，都歡迎加入「玄 SIR 的百萬攝影課」的 FB 粉絲專頁、LINE 官方帳號與我們的團隊聯絡。

「玄 SIR 的百萬攝影課」FB 粉絲專頁：
https://www.facebook.com/pao526

玄學苑 LINE 官方帳號：@468ldthi

全世界最幸福的工作

誰說有錢有閒才能環遊世界，玄 SIR 教你如何越玩越有錢

作　　　　者／玄 SIR
美 術 編 輯／孤獨船長工作室
責 任 編 輯／許典春
企 畫 選 書 人／賈俊國

總 編 輯／賈俊國
副 總 編 輯／蘇士尹
編　　　　輯／高懿萩
行 銷 企 畫／張莉榮・蕭羽猜・黃欣

發 行 人／何飛鵬
法 律 顧 問／元禾法律事務所王子文律師
出　　　　版／布克文化出版事業部
　　　　　　　臺北市中山區民生東路二段 141 號 8 樓
　　　　　　　電話：(02)2500-7008 傳真：(02)2502-7676
　　　　　　　Email：sbooker.service@cite.com.tw
發　　　　行／英屬蓋曼群島商家庭傳媒股份有限公司城邦分公司
　　　　　　　臺北市中山區民生東路二段 141 號 2 樓
　　　　　　　書蟲客服服務專線：(02)2500-7718；2500-7719
　　　　　　　24 小時傳真專線：(02)2500-1990；2500-1991
　　　　　　　劃撥帳號：19863813；戶名：書蟲股份有限公司
　　　　　　　讀者服務信箱：service@readingclub.com.tw
香港發行所／城邦（香港）出版集團有限公司
　　　　　　　香港灣仔駱克道 193 號東超商業中心 1 樓
　　　　　　　電話：+852-2508-6231 傳真：+852-2578-9337
　　　　　　　Email：hkcite@biznetvigator.com
馬新發行所／城邦（馬新）出版集團 Cité (M) Sdn. Bhd.
　　　　　　　41, Jalan Radin Anum, Bandar Baru Sri Petaling,
　　　　　　　57000 Kuala Lumpur, Malaysia
　　　　　　　電話：+603-9057-8822 傳真：+603-9057-6622
　　　　　　　Email：cite@cite.com.my

印　　　　刷／卡樂彩色製版印刷有限公司
初　　　　版／2022 年 7 月
定　　　　價／420 元
I S B N／978-626-7126-34-9
　　　　　　　9786267126332（EPUB）

城邦讀書花園　布克文化
www.cite.com.tw　WWW.SBOOKER.COM.TW

世界是一本書，
不旅行的人只讀了其中的一頁。

———聖 · 奧古斯丁